Unburied Love
Amor Insepulto

The date: November 2020.

This edition of Unburied Love has been written in English
and Spanish, two of the most romantic languages and
sensual accents, in the world. Esta edición de Amor Insep-
ulto ha sido escrita en Inglés y Español, dos de los idiomas
mas románticos y acentos más sensuales, en el mundo.

—www.unburiedlove.com—

UNBURIED LOVE

To request permissions, please contact Leticia Gomez, at:
savvyliterary@gmail.com.

English Hardcover ISBN: 978-1-7350415-6-8
Spanish Hardcover ISBN: 978-1-7350415-7-5
English eBook ISBN: 978-1-7350415-8-2
Spanish E-Book ISBN: 978-1-7350415-9-9

Editing by Leticia Gomez
Cover Design by Jose Larraga
Book Layout by Jose Larraga
Photography by Envato Elements Pty Ltd

Printed in USA by Ingram Spark

Literary Agent: Leticia Gomez

Published and distributed by:

Café con Leche

Café con Leche Books
3 Griffin Hill Court
The Woodlands, TX 77382
281-465-0119
cafeconlechebooks.com

AMOR INSEPULTO

English Hardcover ISBN: 978-1-7350415-6-8
Spanish Hardcover ISBN: 978-1-7350415-7-5
English eBook ISBN: 978-1-7350415-8-2
Spanish E-Book ISBN: 978-1-7350415-9-9

Edición por Leticia Gomez
Diseño de portada por Jose Larraga
Diseño de libro por Jose Larraga
Fotografía por Envato Elements Pty Ltd

Impreso en USA por Ingram Spark

Agente Literario: Leticia Gomez

Publicado y distribuido por:

Café con Leche

Café con Leche Books
3 Griffin Hill Court
The Woodlands, TX 77382
281-465-0119
cafeconlechebooks.com

Unburied Love

Amor Insepulto

PREFACE

Love isn't just a feeling.

It's not just an adoration of the heart or an affection expressed on a sense. Love is our heritage from our ancestors, which flows from our parents, our grandparents, our great-grandparents, etc. It is an unconditional emotion that cannot be compared to anything.

It is the abandonment to the requests from an involuntary feeling, that came to us spontaneously and ravishing. It is the inexplicable and ineffable passion of letting ourself be led to the deepest feeling of freedom to choose and be chosen by the most divine phenomenon of the spirit.

Love makes poems, makes scars, laughs, tears. Love gives happiness, but also brings sadness. Love makes us feel both, smaller and bigger at all times. Love gives forgiveness and also opens a path of hope to the most wonderful tomorrow. It is an infinite space that dares us to build dreams. Audacious dreams.

No matter how much time passes, and how many times we may walk through this divine phenomenon of the spirit, called love, it will exist forever as long as it has been a profound sublime virtue of emotional respect for someone.

I have heard many people say; "The love I felt has already disappeared. It no longer exists. It is gone." But I say; it never will. Love will remain in us forever, as part of our soul, without being able to detach it, without being able to bury it, because it flows and will flow forever through our veins. It will live as long as there have been two people deeply committed and connected by a mutual emotion, without barriers.

Indeed, it calls us to live it, over and over again, as a delicious thump in the chest, producing the most enigmatic magic, which will remain unburied forever.

Welcome to Unburied Love

PROLOGO

El amor no es solo un sentimiento.

o es solo una adoración en el corazón o un afecto expresado en el sentido. El amor es la herencia de nuestros antepasados, que fluye de nuestros padres, de nuestros abuelos, de nuestros bisabuelos, etc. Es una emoción incondicional que no se puede comparar con nada.

Es el abandono a las demandas de un sentimiento involuntario, que nos llega de manera deslumbrante y espontánea. Es la pasión inexplicable e inefable de dejarnos llevar por un sentimiento profundo de libertad para elegir y ser elegidos por el fenómeno más divino del espíritu.

El amor hace poemas, hace cicatrices, risas, lágrimas. El amor da felicidad, pero también acarrea tristeza. El amor nos hace sentir pequeños y grandes, en todo tiempo. El amor perdona

....

y también abre un camino de esperanza al mañana más maravilloso. Es un espacio infinito que nos reta a construir sueños. Sueños audaces.

No importa cuánto tiempo pase y cuántas veces podamos caminar a través de este fenómeno divino del espíritu, llamado amor, este existirá por siempre, como resultado de una virtud sublime profunda del respeto emocional por alguien.

He escuchado a mucha gente decir; "El amor que sentí ya ha desaparecido. Ya no existe. Ya se fue." Pero yo les digo; Nunca lo hará. El amor permanecerá en nosotros para siempre, como parte de nuestra alma, sin poder separarlo, sin poder enterrarlo, porque fluye y fluirá por siempre por nuestras venas. Vivirá mientras haya habido dos personas profundamente comprometidas y conectadas por una emoción mutua, sin barreras.

De hecho, nos llama a vivirlo, una y otra vez, como un delicioso golpe en el pecho, produciendo una magia enigmática, que permanecerá insepulta, por siempre.

Bienvenido(a) a Amor Insepulto

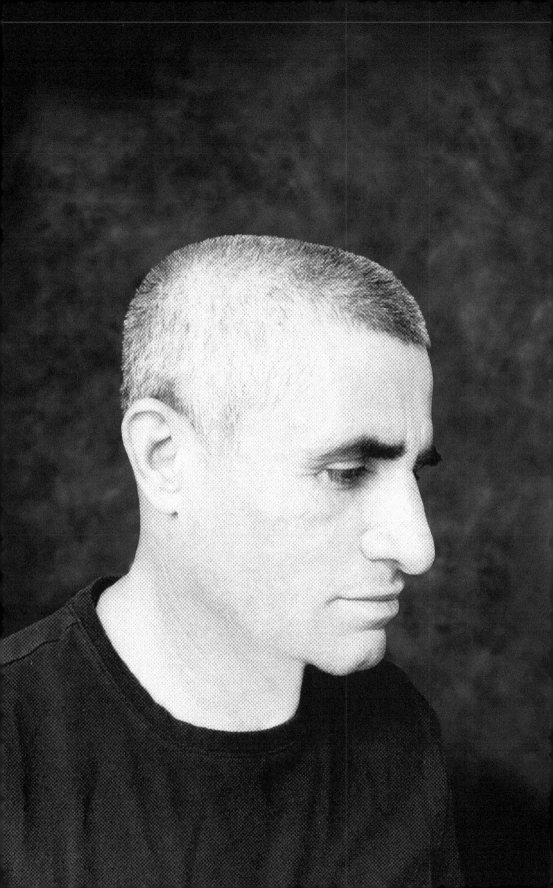

THIS BOOK
IS DEDICATED TO THE POWER, PAS-
SION AND QUEST FOR TRUE AND PURE LOVE,
WITH SURRENDER, WITH ACCEPTANCE AND WITH
ABANDONMENT. ESTE LIBRO ESTÁ DEDICADO
AL PODER, LA PASIÓN Y LA BÚSQUEDA DEL
AMOR PURO Y VERDADERO, CON
ENTREGA, ACEPTACIÓN Y
ABANDONO. JOSE
LARRAGA

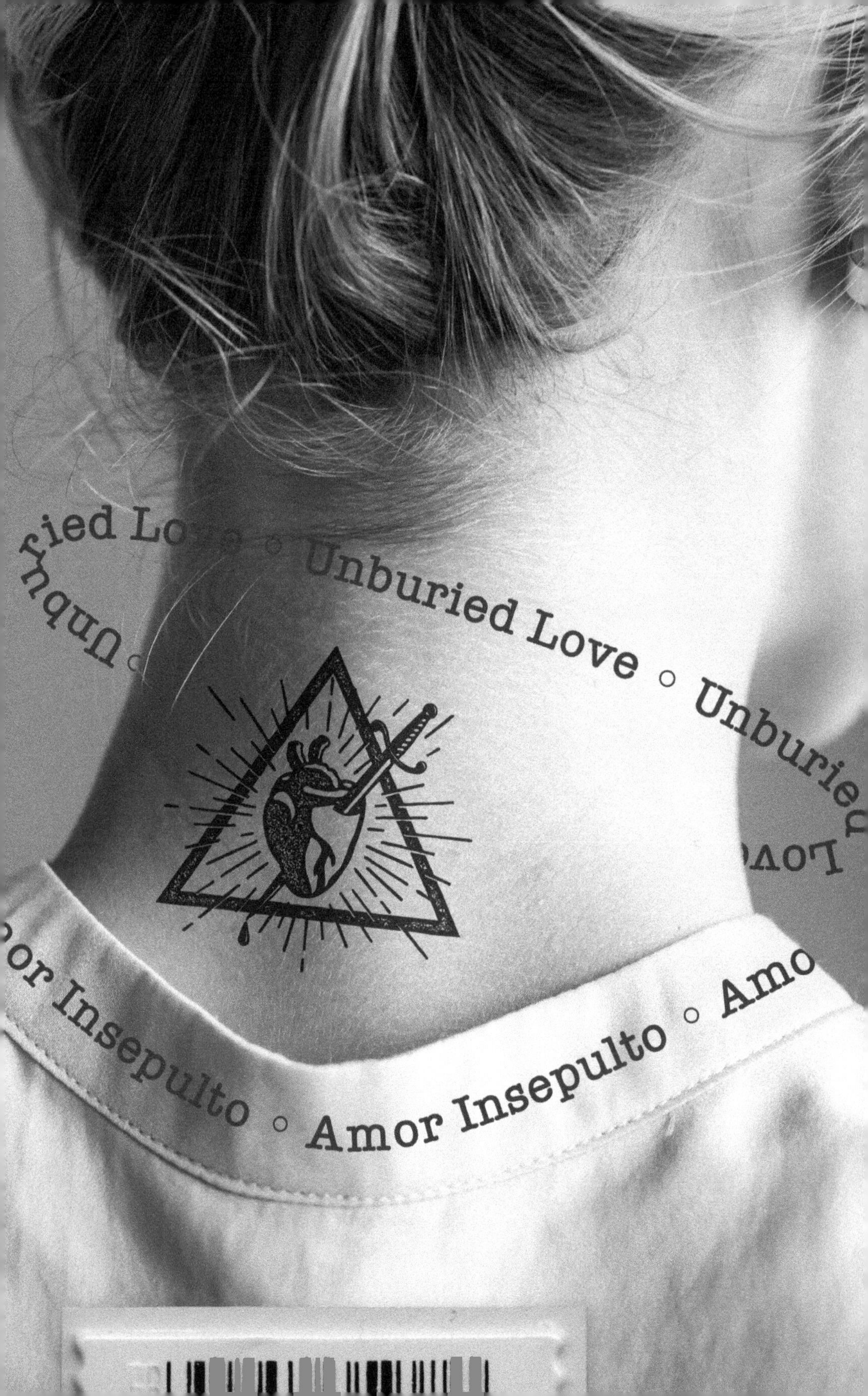

Unburied Love ○ Unburied Love ○ Unburied
Amor Insepulto ○ Amor Insepulto ○ Amo

CONTENTS CONTENIDO

CONTENTS CONTENIDO

CONTENTS CONTENIDO

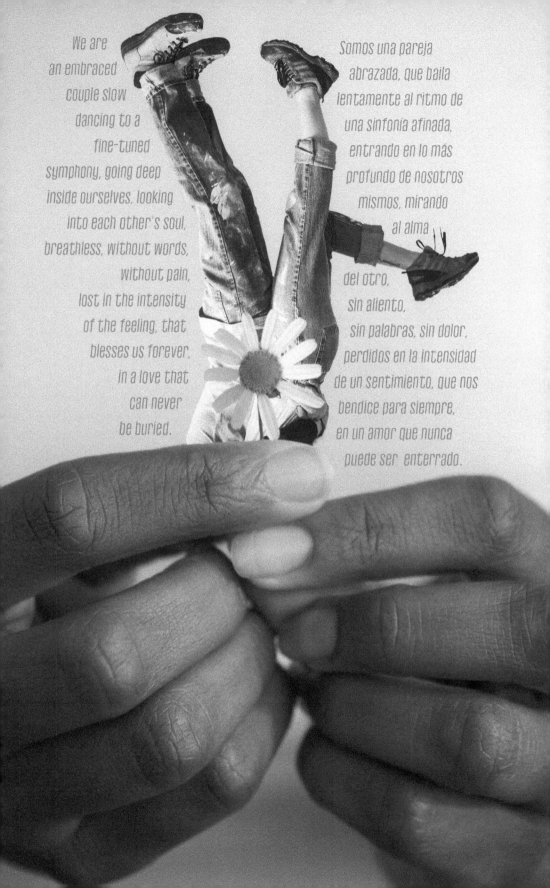

We are
an embraced
couple slow
dancing to a
fine-tuned
symphony, going deep
inside ourselves, looking
into each other's soul,
breathless, without words,
without pain,
lost in the intensity
of the feeling, that
blesses us forever,
in a love that
can never
be buried.

Somos una pareja
abrazada, que baila
lentamente al ritmo de
una sinfonía afinada,
entrando en lo más
profundo de nosotros
mismos, mirando
al alma
del otro,
sin aliento,
sin palabras, sin dolor,
perdidos en la intensidad
de un sentimiento, que nos
bendice para siempre,
en un amor que nunca
puede ser enterrado.

UNBURIED LOVE

any emotions, many thoughts.
Much to write, much to erase.
Aftermath of love, aftermath of suffering.
Quiz of tears, quiz of smiles.

Another day that I keep holding your heart.
There is no need to speak or keep quiet; listening or observing.
I keep thinking, although I don't want to think anymore.
I continue to faint, although I can no longer cry.

Unburied love that still beats; that is still calling.
Love that goes and comes. Its sees you near, it sees you far.
Dark and light clouds; soft and strong winds.
Shadow of reality, of an indifferent heart.

Dreams that departed on an opposite journey.
Me on the one side and you on the other, in different ways.
In illusion and oblivion; in truth and trust.
With many equal parts, but atypical souls.

Although you left the force of the impossible with me.
I live impatient to bury this unburied love.
Churn the magic of small and big reasons.
And little by little warn, that we are no longer together.

Now every day I can be different, living the future.
Up and down the sky, where my death lives.
To purify my being that was filled with a sour taste.
And trigger the ecstasy of any chill.

Cunning of love, when there is no longer a time.
Because today I can feel the depth of a sigh.
Seraphic sentiment that reforms an unburied love.
Evoking the masterpiece of an almost perfect affection.

Now without you and now without me, for being liberated in history.
But walking alone in the joy of the present.
Intensively in love with the breaths of tomorrow.
Without waiting, the mourning occasion of something extinct.

7

AMOR INSEPULTO

Muchas emociones, muchos pensamientos.
Mucho que escribir, mucho que borrar.
Secuelas del amor, secuelas del sufrimiento.
Exámenes de las lagrimas, de las sonrisas.

Otro día en el que sigo sosteniendo tu corazón.
Sobra el hablar o el callar; el escuchar u observar.
Sigo pensando, aunque ya no quiero pensar.
Sigo desfalleciendo, aunque ya no puedo llorar.

Amor insepulto que aun palpitas; que aun llamas.
Amor que se va y regresa. Te ve cerca, te ve lejos.
Nubes oscuras y claras; vientos suaves y fuertes.
Sombra de la realidad, de un corazón indiferente.

Sueños que partieron en una jornada opuesta.
Yo por un lado y tu por otro, en caminos distintos.
En la ilusión y el olvido; en la verdad y la confianza.
Con muchas partes iguales, pero almas atípicas.

Aunque dejaste la fuerza de lo imposible conmigo.
Vivo impaciente por enterrar este amor insepulto.
Batir la magia de las pequeñas y grandes razones.
Y poco a poco advertir, que ya no estamos juntos.

Ahora cada día se es diferente, viviendo el futuro.
Subiendo y bajando el cielo, donde vive mi muerte.
Para purificar mi ser que se lleno de un sabor agrio.
Y desencadenar el éxtasis de cualquier escalofrío.

Astucia del amar, cuando ya no existe un tiempo.
Que hoy puedo sentir la profundidad de un suspiro.
Sentimiento seráfico que reforma un amor insepulto.
Evocando la obra maestra de un cariño casi perfecto.

Ya sin ti y ya sin mí, por ser liberados en la historia.
Si no caminando solitarios en la alegría del presente.
Enamorado intensamente de los respiros del mañana.
Sin aguardar, la ocasión luctuosa de algo extinto.

WITH YOU

With you I have known love.
From your hand, I want to travel the world.
I feel full, happy, and complete.
Making a story of true love.

With you, I hope a life of real dreams.
Mutual satisfaction and even a thousand things.
Because with you I feel good.
I cry, I vibrate, and I also understand.

I realize my fragility.
I see the dimension of my feelings.
With you today I feel what love is.
And I experience something new, like never before.

Nothing is the same, because you have transformed me.
I am better, today I dream, I feel freedom.
Happiness has come to me.
All for having you, that goes along with me.

I give myself to you, my world is different.
I also feel the pain for loving you so much.
I suffer, but sadness makes sense.
With you, I get lost and I don't belong anymore.

At your side, hope never dies.
I feel safe, I live and I identify myself.
With you I understand that I am no longer alone.
Today, with you I reflect, with you I share.

I am who I am, because I know you.
With you it hurts to wait, but I wait.
Because with you today I only know that I love.
And you are the person I love with everything.

With you I learned that the world is perfect.
Where I just wait, the most beautiful face.
I trusted that tomorrow we will live our live.
And forever you become, my eternal princess.

21

CONTIGO

Contigo he conocido el amor.
De tu mano, quiero recorrer el mundo.
Me siento pleno, feliz, y completo.
Haciendo una historia de un amor verdadero.

Contigo espero una vida de sueños reales.
Satisfacciones mutuas y aun mil cosas.
Porque contigo me siento bien.
Lloro, vibro, y también entiendo.

Me doy cuenta de mi fragilidad.
Veo la dimensión de mis sentimientos.
Contigo hoy siento lo que es el amor.
Y vivo algo nuevo, como nunca antes.

Nada es igual, pues tu me has transformado.
Soy mejor, hoy sueño, siento la libertad.
La felicidad ha llegado a mi persona.
Todo por tenerte a ti, que me acompañas.

Contigo me entrego, mi mundo es otro.
También siento el dolor por amarte tanto.
Sufro, pero la tristeza toma sentido.
Contigo me pierdo y no me pertenezco.

A tu lado nunca muere la esperanza.
Me siento seguro, vivo y me identifico.
Contigo comprendo que ya no estoy solo.
Hoy contigo me reflejo, contigo comparto.

Soy quien soy, pues a ti te conozco.
Contigo duele esperar, pero espero.
Porque contigo hoy solo se que amo.
Y tu eres a la persona que amo con todo.

Contigo aprendí que el mundo es perfecto.
Donde solo espero, un bello rostro.
Confió que mañana vivamos lo nuestro.
Y por siempre seas, mi eterna princesa.

THE PLACE
I NEED

What would become of me
if you were not by my side?
Would I still live in the darkness?
Or would it be a being, full of sadness?
Or perhaps, he had already died in the shadows?

Just thinking about it, I feel like I suffocate.
It seems that the air is running out.
It would be maddening to know that I don't exist for you.
It would be an existence, really of grief.

But ... Why should I think about it?
If I no longer want a life of torment.
I just want to walk the ground that your light illuminates.
And be guided by the love of yours that I have today.

24

Let me continue to be involved in this net full of you.
Continue to feel this sea of emotions.
Rendered in the delicious mix of your caresses.
Imagining a life having you as my wife.

You are the place I need.
Where my heart feels comfortable.
You are the place where my soul is accommodated.
Where the pain of the past has ended.

Your kisses fit into my life.
They correspond to the illusion of a respite.
A look at tomorrow, and know that it is enough.
In which they are no longer released new memories.

Now there is nothing that separates me.
Nothing I miss. My life is now complete.
What more can I ask for or seek from a heart?
If yours is more than my heart needs.

See that now my agony turns in you.
My existence is tied around your shine.
It has reached where there is no more space.
As far as love has won everything.

EL LUGAR
QUE NECESITO

¿Que seria de mi si no estuvieras a mi lado?
¿Acaso viviría aún en las tinieblas?
¿O sería un ser lleno de obscuridad?
¿O quizás, ya hubiera muerto entre las sombras?

Solo de pensarlo siento que me asfixio.
Pareciera que el aire se me acaba.
Seria desesperante saber que para ti no existo.
Seria una existencia en realidad del desconsuelo.

Pero.. ¿Porque tendría que pensar en ello?
Si ya no quiero una vida de tormento.
Solo quiero caminar el suelo que tu luz ilumina.
Y guiarme por el amor tuyo que hoy tengo.

Déjame seguir envuelto en esta red llena de ti.
Continuar sintiendo este mar de emociones.
Rendido en la mezcla deliciosa de tus caricias.
Imaginando una vida teniéndote como mi esposa.

Tu eres el lugar que necesito.
En donde mi corazón se siente confortable.
Tu eres el lugar en donde se acomoda mi alma.
En donde ha acabado el dolor del pasado.

Tus besos caben en mi vida.
Corresponden a la ilusión de un respiro.
A una mirada al mañana y saber que es suficiente.
En el que ya no se estrenan nuevas memorias.

Ahora nada existe que me aparta.
Nada me falta. Mi vida ahora esta completa.
¿Que mas puedo pedir o buscar de un corazón?
Si el tuyo es mas de lo que mi corazón necesita.

Mira que ahora mi agonía gira en ti.
Mi existencia está atada alrededor de tu brillo.
Ha llegado hasta donde ya no hay mas espacio.
Hasta donde el amor todo ha ganado.

THE MOST
BEAUTIFUL CANCER

Without you, I have had awful nights.
It is scary to be in the dark.
You have stolen the reason for my space.
I have felt the time of the shipwreck.

I have already drenched in your absence.
I vibrate and shudder to hear from you.
But tears won't let me see
I need you, to be able to understand.

Maybe an "I love you" explains everything.
To sprout our time.
I can no longer die again.
Come on, that you' are my infinite source.

....

Come to rule my kingdom.
You, the one I've always waited for.
Today I can adore you and make you happy.
I am ready and eager to love you.

You sowed the seeds of courage.
Germinated an overflowing love.
You are scattered all over my body.
As if you were the most beautiful cancer.

You, who have been a patient soul.
Come, love has no time.
You make me live, you make me die.
Little by little, with a gentle touch.

Without you, I am no longer the same heart.
You have completely transformed it.
Nothing is the same, living in you, without you.
Like sweet and bitter memories.

I want to have the softness of your love.
The promises you said with your eyes.
I want the romance of your lips.
To live forever deep.
In the abyss of your kisses.

EL MAS BELLO CANCER

Sin ti, he pasado noches horribles.
Es tenebroso estar en las tinieblas.
Has robado la razón de mi espacio.
Y he sentido la hora del naufragio.

Ya me he empapado de tu ausencia.
Vibro y estremezco por saber de ti.
Pero las lágrimas no me dejan ver.
Me haces falta para poder entender.

Quizás un te amo lo explique todo.
Para reverdecer nuestro tiempo.
Ya no puedo morir nuevamente.
Llegas tu, que eres mi infinita fuente.

Ven para que gobiernes mi reino.
Tú, a la que he esperado siempre.
Hoy puedo adorarte y hacerte feliz.
Estoy listo y ansioso por amarte.

Sembraste las semillas del coraje.
Germinado un amor desbordante.
Estas esparcida por todo mi cuerpo.
Como si fueras el mas bello cáncer.

Tú, que has sido un alma paciente.
Ven que el amor no tiene tiempo.
Tú, me haces vivir, me haces morir.
Poco a poco, con un apacible tacto.

Sin ti, ya no soy el mismo corazón.
Tú, lo has transformado por completo.
Nada es igual, viviendo en ti, sin ti.
Como dulces y amargos recuerdos.

Quiero tener la ternura de tu amor.
Las promesas que dijiste con tus ojos.
Quiero el romanticismo de tus labios.
Para vivir por siempre en lo profundo.
En el abismo de tus besos.

All I want is the taste
of your lips.
To burn them with the
ardor of my
kisses.

TODO LO QUE QUIERO
ES EL SABOR DE TUS LABIOS.
PARA QUEMARLOS CON
EL ARDOR DE MIS BESOS.

♥

THE CALVARY
OF YOUR WORDS

Obnoxious moment in which I felt losing you.
It was a single moment that stayed forever.
I heard from your voice something that I prayed was uncertain.
A trice, in which I lived the horror of not having you anymore.

In the spasm, I slowed my pace and stopped the time.
The echo of your words multiplied the chill.
I lived the anguish for not wanting to be by my side.
The calvary of knowing that you had never loved me.

I felt like the epic world was shaking dejectedly.
How the thought changed inconsolably.
How your expression scorched the feeling.
While I longed to know where I could fail you.

Believe me, I would have wanted to hear something different.
So much so, that I was a genius of a thousand ideas to justify you.
But I knew that the lies would not be true.
I tried everything, without even wanting to reason, to ignore your words.
And I understood that truths would never be lies.

The music of your mouth, was able to interrupt my universe.
The rhythm of your lips, bled everything when listening.
Pleased, you were done with it, in an instant.
While my absorbed heart, silent was dying.

Forever, your sentence will exist in my soul.
That became the calvary of your words.
A jiffy that lasted for a long time.
Being a sanctuary of memories of a story.

Today, the resonance of what happened is far away.
I have survived on the acoustics of good memories.
Without understanding anything,
but knowing that I would understand something.
Until I could feel the relief of "I don't love you anymore."

Today, I pray for the arrival of a new love in my life.
That person, as if she were, the first I know.
With the order of sweet, fair and honest words.
Bu never the calvary, that it cause my death.

EL CALVARIO DE
TUS PALABRAS

Detestable momento en el que sentí perderte.
Fue un solo instante que se quedo por siempre.
Escuché de tu voz algo que rogué fuera incierto.
Un tris, en el que viví el horror de ya no tenerte.

En el espasmo, frené el paso y detuve el tiempo.
El eco de tus palabras multiplicaban el escalofrío.
Viví la angustia por no querer seguir a mi lado.
El calvario de saber que nunca me habías amado.

Sentí como el mundo épico se sacudía abatido.
Como el pensamiento cambiaba inconsolable.
Como tu expresión chamuscaba el sentimiento.
Mientras yo ansiaba saber en que pude fallarte.

Créeme, hubiera querido escuchar algo diferente.
Tanto, que fui genio de mil ideas para justificarte.
Pero supe que las mentiras no serían verdades.
Intente todo, aun no razonar e ignorar tus palabras.
Y entendí que nunca las verdades serían mentiras.

La música de tu boca, pudo interrumpir mi universo.
El ritmo de tus labios, sangraron todo al escucharse.
Complacida, acababas con todo, en un instante.
Mientras mi corazón absorto, en silencio, agonizaba.

Por siempre tu sentencia existirá en mi alma.
Que se convirtió en el calvario de tus palabras.
Un santiamén que se prolongó por largo tiempo.
Siendo santuario de los recuerdos de una historia.

Hoy, la resonancia de lo ocurrido esta muy lejos.
He sobrevivido en la acústica de buenas memorias.
Sin entender nada, pero sabiendo que entendería algo.
Hasta que pude sentir el alivio de un "ya no te quiero."

Hoy, oro por la llegada de un nuevo amor a mi vida.
Esa persona, como si fuese la primera que conozco.
Con el orden de palabras dulces, justas y honestas.
Que no sean el calvario, que causen mi muerte.

THE BIG DAY

Soon will be the day.
A full day.
The avid joy draws near.
It is one step away and lurks.

I'll get out of the bottom of the water.
The air has already lacked me.
Days that I have died for you.
Waiting for you I have survived.

It is not easy to say what I feel.
I'm not in a hurry to say it.
This day the breeze blows in my favor.
A perfect time is coming.

I can no longer hide what I feel.
I am killing my heart.
Listen to the symphony of love.
Play the melody of silence.

My soul is invaded by you.
I cannot be brave without your love.
I want to see the real promises.
Flooded with truth.

I have waited to fill the hunger.
This day will be all satiated.
It ends since I know you.
When I have felt your hand.

I will be able to see your eyes.
Know that I had already touched you.
It will be the day to start.
When all behind will be over.

The wall will have collapsed.
The drops will come down to wet the plants.
There will be more stars in the sky.
To light the firmament.

You are my love, that great day.
The best of all, the one of all my life.
The one I wait for. The one that is coming.
That day is all I need.

EL GRAN DIA

ronto será el día.
Un día completo.
La ávida alegría se acerca.
Se encuentra a un paso y acecha.

Saldré del fondo del agua.
El aire ya me ha faltado.
Días que he muerto por ti.
Esperándote he sobrevivido.

No es fácil decir lo que siento.
No tengo prisa en decirlo.
Este día la brisa sopla a mi favor.
Viene un tiempo perfecto.

Ya no puedo esconder lo que siento.
Estoy matando a mi corazón.
Escucha a la sinfonía del amor.
Toca la melodía del silencio.

Mi alma esta invadida de ti.
No puedo ser valiente sin tu amor.
Quiero ver las promesas reales.
Inundadas de verdades.

He esperado para colmar el hambre.
Este día habrá todo saciado.
Acaba desde que te conozco.
Cuando he sentido tu mano.

Podré ver a tus ojos.
Saber que ya te había tocado.
Será el día para empezar.
Cuando el atrás habrá terminado.

El muro se habrá derrumbado.
Las gotas bajarán a mojar las plantas.
Habrá más estrellas en el cielo.
Para alumbrar el firmamento.

Tu eres mi amor, ese gran día.
El mejor de todos, el de toda mi vida.
El que espero. El que se avecina.
Ese día es todo lo que necesito.

AFFINITY

Your eyes see what my eyes see.
You feel the same, that I feel.
There can be so much more affinity.
Like the one you and I have.

Now after walking together.
I realize something more complete.
Your heart is just, straight and worthy.
Selfless, blameless and honest.

Yesterday with pleasure I learned all that.
It makes me feel even more seduced by you.
You are the most special among women.
All your qualities have yielded me.

The love I have for you is so strong.
That it is difficult to calculate the feeling.
It is beautiful to feel it, difficult to find it.
Easy to express it, death can leave it.

Everything so sudden is different.
Your love has changed my horizon.
It has brought a world where everything is magical.
Today, my life you have marked forever.

It makes me happy just to see your smile.
It makes me live in a beautiful time.
It makes me vibrate just listening to you.
Makes me dream of having you tomorrow.

You are my beautiful maiden.
The one I love, and the one I want by my side.
The maiden that my life has made shine.
With her I want to walk, and never stop.

You are a perfect love.
Even my flaws disappear by your side.
They are so many, but with you they are nothing.
A kiss is enough to feel like I am in heaven.

AFINIDAD

Tus ojos ven lo que mis ojos ven.
Sientes lo mismo que yo siento.
No puede haber tanta más afinidad.
Como la que tu y yo tenemos.

Ahora después de caminar juntos.
Me doy cuenta de algo más íntegro.
Tu corazón es justo, recto y digno.
Desinteresado, intachable y honesto.

Ayer con complacencia supe todo eso.
Me hace sentir de ti aun más seducido.
Eres de entre las mujeres la más especial.
Todas tus cualidades me han rendido.

El amor que te tengo es tan fuerte.
Que es difícil calcular el sentimiento.
Es hermoso sentirlo, difícil encontrarlo.
Fácil expresarlo, la misma muerte, poder dejarlo.

Todo tan repentino es diferente.
Tu amor me ha cambiado el horizonte.
Traído un mundo donde todo es mágico.
Hoy mi vida has marcado por siempre.

Me hace feliz solo con ver tu sonrisa.
Me hace vivir en un tiempo hermoso.
Me hace vibrar tan solo al escucharte.
Me hace soñar por mañana tenerte.

Eres mi hermosa princesa.
A la que amo y a la que quiero a mi lado.
Mi princesa que mi vida ha hecho brillar.
Con ella deseo caminar y nunca parar.

Tu eres un amor perfecto.
Aun mis defectos desaparecen a tu lado.
Son tantos pero contigo no son nada.
Basta un beso para sentirme en el cielo.

WITHOUT HER

 o one knows why true love ends.
Nor can anyone give me a concrete answer.
And even if things suddenly change.
Although I anticipate it, it is still a surprise.

But why without her now is everything different?
I still don't understand. What kind of love is this?
Have I lost the magical age of my life?
That instead of moving forward, am I going backwards?

Yesterday, after finding the divine woman.
Why be without it, if I had already found it?
Why not walk an eternity hand in hand?
Why not have it, if my heart demands it?

I know that without her the best moments are lost.
I can't imagine a bed with an empty space.
I have been pleased, that it is difficult being able to accept it.
And because it is possible to have her, to love her forever.

She is the only star that has illuminated my way.
So now, what to do without it?
What is the use of filling yourself with an inoperative heart?
Why, if you do not want to coexist in memories?

She is such a pure love that I am sure I will miss her.
So authentic, it makes me go to her at every moment.
That I just want to grab her love, even empty it.
And continue loving her, even though my voice no longer echoes.

How can I adjust to what I'm experiencing?
How? And also live, remembering every detail?
I want to continue seeing her gaze and feeling her kisses.
Imagining myself in her arms and loving her body.

But in my despair, I don't see a reality without it.
Why did something so wonderful stay in time?
While yesterday at her side, it was a frank smile.
Now, the present without it, is a real puzzle.

SIN ELLA

adie sabe porque un verdadero amor termina.
Ni nadie puede darme una respuesta concreta.
Y aunque las cosas cambien repentinamente.
Aunque lo anticipe, no deja de ser una sorpresa.

Pero ¿Por qué sin ella ahora todo es diferente?
Sigo sin entender ¿Qué clase de amor es este?
¿Acaso he perdido la edad mágica de mi vida?
¿Que en lugar de avanzar, estoy retrocediendo?

Ayer, después de encontrar a la mujer divina.
¿Por qué estar sin ella, si ya la había encontrado?
¿Por qué no caminar una eternidad de la mano?
¿Por qué no tenerla, si mi corazón la reclama?

Sé que sin ella se pierden los mejores momentos.
No puedo imaginar un lecho con un espacio vacío.
He sido complacido, que cuesta el poder aceptarlo.
Y porque es posible tenerla, para siempre amarla.

Es la única estrella que ha iluminado en mi camino.
Por ello ahora ¿Qué hacer sin ella?
¿Para qué sirve llenarte de un corazón inoperante?
¿Para qué, si no se quiere coexistir en memorias?

Es un amor tan puro, que estoy seguro extrañarle.
Tan auténtico, que me hace ir a ella a cada instante.
Que solo quiero acaparar su amor, hasta vaciarlo.
Y seguirla amando, aunque mi voz ya no tenga eco.

¿Cómo poder ajustarme a lo que estoy viviendo?
¿Cómo? ¿Y también vivir, recordando cada detalle?
Quiero seguir viendo su mirada y sentir sus besos.
Imaginándome en sus brazos y adorando su cuerpo.

Pero en mi desespero, no veo una realidad sin ella.
¿Por qué algo tan maravilloso se quedó en el tiempo?
Mientras que ayer a su lado, era una franca sonrisa.
Ahora, el presente sin ella, es un verdadero enigma.

TIME ALSO MISSES YOU

I just want you to be with me.
That without you, I am lost.
I always want to have your kisses.
That in each one, my life I find.

Now every time I wake up.
I long to love you at every moment.
Now when the night comes.
I want everything, all of you to lose me.

That nothing looks the same without you.
I love you as I have never loved.
Nothing compares to your presence.
That you are from the earth, the beauty.
And from the universe, the most beautiful star.

With my love I want to tie you to my life.
So that you are always by my side.
With you nothing can be the end of everything.
But the beginning of an eternal love.

Today, fortune favors my heart.
Your love has corrected everything.
I want a life full of your charm.
Living among the spell of your passion.
And extract from your body, all its nectar.

Because you are the most beautiful woman.
The one that makes my love drag.
The owner of my entire life.
The smile that my soul awaits.

There is nothing without you. Nothing.
Not even tomorrow comes.
That as well as I miss you.
Time also misses you.

I just want to live with you every second.
Feel your caresses. I just want to touch you.
I want to go crazy with your beauty.
Losing myself in the sigh of your kisses.
I want you to allow me, to always love you.

EL TIEMPO TAMBIEN TE EXTRAÑA

olo quiero que estés conmigo.
Que sin ti, me hallo perdido.
Quiero siempre tener tus besos.
Que en cada uno, mi vida encuentro.

Ahora, cada vez que despierto.
Ansío amarte en cada instante.
Ahora cuando la noche llega.
Todo quiero, todo de ti para perderme.

Que nada luce igual sin ti.
Te amo como nunca había amado.
Nada se compara a tu presencia.
Que eres de la tierra, la belleza.
Y del universo, la mas hermosa estrella.

....

Con mi amor quiero atarte a mi vida.
Para que siempre estés a mi lado.
Contigo nada puede ser el fin de todo.
Sino el comienzo de un amor eterno.

Hoy, la fortuna favorece a mi corazón.
Tu amor lo ha corregido todo.
Quiero una vida llena de tu encanto.
Vivir entre el hechizo de tu pasión.
Y extraer de tu cuerpo, todo su néctar.

Porque eres la mujer mas bella.
La que hace que mi amor arrastre.
La dueña de mi vida entera.
La sonrisa que mi alma aguarda.

Ya nada hay sin ti. Nada.
Ni aun el mismo mañana llega.
Que así como yo te extraño.
El tiempo también te extraña.

Solo quiero vivir contigo cada segundo.
Sentir tus caricias. Solo quiero tocarte.
Quiero con tu belleza enloquecerme.
Contagiarme, embriagarme.
Perderme en el suspiro de tus besos.
Quiero que me dejes, por siempre amarte.

UNIQUE TRUTH

The pain I carry won't let me follow you.
It is your truths that have hurt me.
I no longer love you neither in the days nor in the nights.
Today, even hope, tries to forget everything.

Sadness no longer sees the stars.
Now I hold myself only in memories.
I've been here talking to the moon.
Without having your scent, nor a poem.

Damn fortune that also leaves.
Living condemned for not having your stamp.
Here, seeking comfort in every corner.
Going insane with the penury of certainty.

....

It has been a sacrifice, crushed by time.
An eternal past that is always present.
I would have preferred to ignore the axiom of your beauty.
That there was no truth. That nothing was true.

I do not adduce the despair that I have.
I cannot sleep, because I am a whole of dreams.
I see that you go away and little by little you disappear.
I wake up and again I see that you no longer approach.

It is a pain that has stripped my soul.
Imprisoned my body to tremble with fear.
Enormous uncertainty that causes your absence.
Unusual condemnation of a historical sentiment.

I still don't know if I failed, for letting you go.
I omitted to consult the judgment of a heart in love.
Thus and without you, there is no longer protection.
Just the infinity of an idea that is a lap.

I can't love again, because I love you.
I do not cry for being alone, but for not having you.
I need the infallible stretch, even if it is mourning.
Only an unique truth is what I seek.

VERDAD
UNICA

El dolor que llevo no me deja seguirte.
Son tus verdades las que me han lastimado.
Ya no te quiero ni en los días ni en las noches.
Hoy, aun la esperanza, intenta todo olvidarlo.

La tristeza ya no ve las estrellas.
Ahora me sostengo solo en los recuerdos.
Me he quedado aquí hablando con la luna.
Sin tener tu aroma, ni tampoco un poema.

Maldita fortuna que también se marcha.
Viviendo condenado por no tener tu estampa.
Aquí, buscando consuelo en cada esquina.
Volviéndome loco por la penuria de certeza.

Ha sido un sacrificio triturado por el tiempo.
Un pasado eterno que siempre está presente.
Hubiera preferido ignorar el axioma de tu belleza.
Que no existiera una verdad. Que nada fuera cierto.

No aduzco la desesperación que tengo.
No puedo dormir, porque soy un todo de sueños.
Veo que te vas y poco a poco desapareces.
Despierto y nuevamente veo, que ya no te acercas.

Es un dolor que ha desnudado mi alma.
Aprisionado mi cuerpo para temblar por el miedo.
Ingente incertidumbre que tu ausencia causa.
Insólita condena de un sentimiento histórico.

Aún no se si fallé por dejar que te fueras.
Omití consultar el juicio de un corazón enamorado.
Así y sin ti ya no existe amparo.
Solo el infinito de una idea que es un regazo.

No puedo amar nuevamente, porque te amo.
No lloro por estar solo, sino por no tenerte.
Necesito el trecho infalible aunque sea luctuoso.
Solamente una verdad única, es lo que busco.

I WILL BUILD YOU A KINGDOM
IN WHICH I WILL PAY TRIBUTE TO YOU.
WHERE YOU WILL BE FOR ETERNITY MY POETRY.
I AM YOUR SERVANT OF YOUR LOVE.
I AM YOUR SLAVE TO WHAT I WRITE.

TE CONSTRUIRÉ UN REINO
EN EL QUE TE RENDIRÉ TRIBUTO.
EN DONDE SERÁS ETERNAMENTE MI POESÍA.
SOY TU SIERVO DE TU AMOR.
SOY TU ESCLAVO DE LO QUE ESCRIBO.

IN LOVE WITH
EVERY MOMENT

I have been overwhelmed by all feeling.
Every part of me has fallen in love.
Today I just want to be the one you fall in love with.
So that between us nothing is different.

With you, I have been lucky.
Having you, fortune has smiled upon me.
I applaud the truth that you are with me.
To what I could never have, that today you have brought.

Yesterday was the beginning where I learned to love you.
Blessed time with a vague sense of knowing you.
I can't believe you took my heart
And the caresses that now no longer exist.

Tears have made me scan the invisible.
I want to be the entity of the universe to which you belong.
Seductive magical space that I want to enter.
Nice paradise, worthy of always evoking.

Because with your love all things shine.
Sovereign existence, laudable with promises.
Listen that I can love you more than my life.
Or touch the sunset, divided by different fortune.

I am in love with every moment.
Even your gestures are idolized by my dreams.
Woman, you display sweet tenderness and innocence.
Good lady, steeped in pure filly gold.

My mind is taken over by you.
The balm on your body fills all the gaps.
You, who have been able to bare all essence.
Affable sapidity of love, of a complete sap.

You are the only angel I want.
The only heart that my heart venerates.
Exceptional rainbow that beautifies my chamber.
Refuge of the horizon that my soul has discovered.

ENAMORADO DE CADA MOMENTO

He sido rebasado por todo sentimiento.
Cada parte de mi se ha enamorado.
Hoy solo quiero ser yo el que te enamore.
Para que entre nosotros nada sea diferente.

Contigo he gozado de suerte.
Teniéndote, la fortuna me ha sonreído.
Aplaudo a la verdad que estés conmigo.
A lo que nunca pude tener, que hoy has traído.

Ayer fue el principio en donde aprendi a amarte.
Bendito tiempo con un sentido vago por conocerte.
No puedo creer que te hayas llevado mi corazón.
Y las caricias que ahora ya no existen.

Las lagrimas me han hecho otear lo invisible.
Quiero ser ente del universo al que perteneces.
Seductor mágico espacio al que quiero entrar.
Majo paraíso, meritorio de siempre evocar.

Porque con tu amor brillan todas las cosas.
Soberana existencia, loable de promesas.
Escucha que puedo amarte más que a mi vida.
O tocar el ocaso, divididos por diferente ventura.

Estoy enamorado de cada momento.
Aún tus gestos son idolatrados por mis sueños.
Mujer que despliegas la dulce ternura e inocencia.
Buena dama, copada en el oro de pura potra.

Mi mente esta apoderada de ti.
El bálsamo de tu cuerpo, colma todos los huecos.
Tú, que has podido desnudar toda esencia.
Afable sapidéz de amor, de una savia completa.

Eres tu, el único ángel que quiero.
El único corazón que mi corazón venera.
Excepcional arco iris que embellece mi aposento.
Refugio del horizonte que mi alma ha descubierto.

BIOPSY OF
THE SOUL

Tell me scholars: Howdo you measure love?
Are you also wise of feeling?
And I say: I am the expert of the heart.
I am the skillful of joy and suffering.

I have already traveled the beginning and the end of paradise.
Love is measured only with the intensity of torture.
It is calculated from the pain that causes so much affection.
For the addiction to the honey escaped from the lip.

Science fails when the spirit falls in love.
Or tell me, how do you know that you have fallen in love?
Hey, your taster. Explain to me the delight of a kiss?.
Say it now, before time extinguishes the effluvium.

Listen well, all of you versed, learned and teachers ...
Falling in love is the spring of the inexplicable.
It is the elite of the epic that emerges spontaneously.
It is the assumption of the mysterious accomplice of an escort.

Shout a maxim, architects, poets and chroniclers.
How much can you love and how much is enough?
I have loved so much that today lives in me, an axiom.
Enough, feeling my heart abandon me.

How much, is only a fraction of the anguish.
It is the ineffable voice that calls from the entrails.
The cumulus of passion naked by a caress.
The face of the soul, swollen with kisses and tears.

But, where are theologians, jurists and lawyers?
That I only hear the sound of a gag.
Have you left because you did not have the fruits of the biopsy?
Or for fear that the truth will come out of my marks?

What about you dentists and engineers?
Live now, the great work of seeing the light of the shadow.
Wake up today, knowing that it has never dawned.
Walk a future, without having the traces of the present.

Better I mean you both, graduates and doctors.
How much is a cry worth? How much is a sigh worth?
How to stop dreaming? How to turn back time?
Please tell me how to heal a wounded heart?

Know that in love there is no science.
A cry represents goodbye, just like a memory.
A sigh equals the confidence of a promise.
And you stop dreaming when you write, but you don't think.

Inside me live the best remedies of the soul.
I know time returns in the savor of a kiss.
Healthy, when you kneel down to the illusion of tomorrow.
Am I not a candidate for biopsy of the soul?

65

BIOPSIA
DEL ALMA

Díganme eruditos: ¿Cómo medir el amor?
¿Acaso también son sabios del sentimiento?
Y yo les digo: Soy yo el experto del corazón.
Soy yo el diestro, de la alegría y el sufrimiento.

Ya he recorrido el principio y el final del paraíso.
El amor se mide solo con la intensidad del suplicio.
Se calcula por el dolor que causa tanto afecto.
Por la adicción a las mieles escapadas del belfo.

La ciencia falla cuando se enamora el espíritu.
O dime ¿Cómo saber que te has enamorado?
Oye tú catador, ¿Explícame el deleite de un beso?
Dilo ahora, antes que el tiempo extingue el efluvio.

Presten oídos versados, letrados y maestros...
Enamorarse es el manantial de lo inexplicable.
Es la elite de la epopeya que aflora espontánea.
Es el atinar del misterioso complice de un escolta.

Griten una máxima, alarifes, poetas y cronistas.
¿Cuánto se puede amar y cuánto es suficiente?
He amado tanto que hoy vive en mi, una axioma.
Suficiente, al sentir que el corazón me abandona.

El cuanto, es tan solo una fracción de la congoja.
Es la voz inefable que llama desde las entrañas.
El cúmulo de la pasión desnuda ante una caricia.
La faz del alma, hinchada por besos y lagrimas.

Pero ¿Donde están teólogos, juristas y letrados?
Que solo escucho el estruendo de una amordaza.
¿Se han ido por no tener los frutos de la biopsia?
¿O por temor a que la verdad salga de mis marcas?

¿Qué pasa con ustedes, arquitectos e ingenieros?
Vivan ahora, la gran obra de ver la luz de la sombra.
Despierten hoy, sabiendo que nunca ha amanecido.
Anden un futuro, sin tener las huellas del presente.

Mejor me refiero a vosotros, diplomados y doctores.
¿Cuánto vale un llorar? ¿Cuanto vale un suspiro?
¿Cómo dejar de soñar? ¿Cómo regresar el tiempo?
Díganme por favor ¿Cómo sanar un corazón herido?

Entérense que en el amor no existe ninguna ciencia.
Un llorar representa un adiós, igual que un recuerdo.
Un suspiro equivale a la confianza de una promesa.
Y paras de soñar cuando escribes, pero no piensas.

Dentro de mi viven los mejores remedios del alma.
Sé que el tiempo regresa en el saborear de un beso.
Sanas, cuando te arrodillas a la ilusión de un mañana.
¿Acaso no soy candidato para la biopsia del alma?

A
SPACE

 space is what you gave me.
The opportunity of time.
Meditating for a span.
The moment to think.
The end of a hug.

I cannot write any more for you.
Because my thought is gone.
Yesterday you were my inspiration.
Today you are already part of oblivion.

I thought everything was fine.
That the smiles were genuine.
I hoped there was no end.
But the beginning of a long love.

You gave me a space.
When I hadn't asked for it.
You said what I hadn't wanted.
And in it, all my love is gone.

You built a wall.
That today separates our path.
Now, I have forgotten your love.
And you? You haven't learned yet?

A word that broke my heart.
It has become a thousand pieces.
You didn't care about the pain it felt.
Neither has the time it has suffered.

You sowed the reason for what happened.
A reason to take another course.
While I asked you not to leave.
While I begged you to stay with me.

Hopefully tomorrow there are no torments.
Like those I suffered today.
So this goodbye has emerged.
Regardless of what happens to me.

UN
ESPACIO

Un espacio es lo que me diste.
La oportunidad del tiempo.
El meditar de un lapso.
El momento para pensar.
El final de un abrazo.

Ya no puedo escribir más para ti.
Porque mi pensamiento se ha ido.
Ayer eras mi inspiración.
Hoy ya eres parte del olvido.

Pensé que todo estaba bien.
Que las sonrisas eran genuinas.
Esperaba que no hubiera un final.
Sino el principio de un largo amar.

Me diste un espacio.
Cuando no lo había pedido.
Dijiste lo que no había querido.
Y en el, todo mi amor se ha ido.

Construiste una muralla.
Que hoy separa nuestro camino.
Ahora me he olvidado de tu amor.
¿Y tú? Aún no lo has aprendido.

Una palabra que rompió mi corazón.
En mil pedazos quedo convertido.
No te ha importado el dolor que sintió.
Ni tampoco el tiempo que ha sufrido.

Sembraste la razón de lo ocurrido.
Una razón para tomar otro rumbo.
Mientras yo te pedi que no te fueras.
Mientras rogué que te quedaras conmigo.

Ojalá mañana no existan tormentos.
Como los que hoy he sufrido.
Por ello este adiós ha surgido.
Sin importar lo que pase contigo.

A SOUR END

I want to fill your life with poems.
See my love that can't stop
I want to write to you all the time.
A daily book, to nurture hope.

Drowning you with letters that are flowers.
What day to day I want to prune.
Being a home like eden of roses.
That with the ink I will have watering.

Happy existence for writing to you.
Relief from the pain of all feelings.
Increase in me the illusion of having you.
Isolate the pain, when you pull away.

You, who are so far from me.
And I, who am so close to you.
Don't feel bad because I love you.
Neither, for not corresponding me.

You know? It is beautiful what I feel.
Beautiful, that I want you to feel it.
See that it is you who moves my hand.
The muse where inspiration was born.

I just want to annotate that I love.
That shouting it has been insufficient.
I want you to be by my side forever.
Craving that you also want to be.

I only aspire to conquer your soul.
Write, until you turn to see me.
Until you decide to be in front of me.
Until the death of my chamber.

Until you know the truth of the heart.
Let it come, and be a beautiful start.
Or a truth that may never come.
Where my letters have a sour end.

73

UN AGRIO FINAL

Quiero llenar tu vida de poemas.
Ve mi amor que no puede parar.
Quiero escribir para ti todo el tiempo.
Un libro diario, para nutrir la esperanza.

Anegarte con letras que son flores.
Que día a día quiero cortar.
Ser un hogar como edén de rosas.
Que con la tinta habré de regar.

Dichosa existencia por escribirte.
Alivio del dolor de todo sentimiento.
Aumenta en mi la ilusión de tenerte.
Aísla el dolor, cuando te apartas.

Tu, que estas de mi tan lejos.
Y yo, que estoy de ti tan cerca.
No te sientas mal por yo quererte.
Tampoco mal por no corresponderme.

¿Sabes? Es hermoso lo que siento.
Hermoso, que quiero que tu lo sientas.
Ve que eres tu, la que mueve mi mano.
La musa de donde nace el inspirar.

Tan solo quiero apostillar que te amo.
Que gritarlo ha sido insuficiente.
Quiero que estés por siempre a mi lado.
Ansiando que tu también quieras estarlo.

Solo ambiciono conquistar tu alma.
Escribir, hasta que voltees a verme.
Hasta que decidas estar frente a mi.
Y hasta el óbito de mi aposento.

Hasta que sepas la verdad del corazón.
Que llegue y sea un hermoso empezar.
O una verdad que nunca pueda llegar.
Donde mis letras tengan un agrio final.

THE RIGHT WOMAN

ou have left me no other choice.
You completely cornered my heart.
You caught it without compassion.
Until you completely conquered it.

Now I feel like I belong to you.
I'm madly in love with you.
You are the woman I want in my life.
You are the valuable woman I have found.

My name could find an ally.
Now the trunk becomes stronger.
The green branches are born and grow.
Continuing the origin of the family tree.

....

76

You are the right woman for me.
With which I no longer feel alone.
I admire everything that today is my life.
After having been a tragedy.

I'm happy because I'm fine.
I feel fulfilled by your side.
The only thing that makes me unhappy.
It is being without you, not having you with me.

You, that this new life has brought me.
That you have given me this great treasure.
You, who are the love I have dreamed of.
Here I am loving you and for you being loved.

You are my passion, my only mission.
Because you are everything I need.
You are also my greatest story.
The one that comes at the best time.

With you my ink finds inspiration.
As the theory the foundation.
Faith for the best that is yet to come.
Where you and I shine in the sky.

7

LA MUJER CORRECTA

No me has dejado otra opción.
Mi corazón por completo acorralaste.
Lo atrapaste sin tener compasión.
Hasta que por completo lo conquistaste.

Ahora siento que te pertenezco.
Estoy perdidamente de ti enamorado.
Eres a la mujer que quiero en mi vida.
Eres la mujer valiosa que he encontrado.

Mi nombre pudo encontrar un aliado.
Ahora el tronco se hace mas fuerte.
Nacen y crecen las verdes ramas.
Sigue el origen del árbol genealógico.

Eres la única mujer correcta para mi.
Con la que ya no me siento solo.
Admiro todo lo que hoy es mi vida.
Después de haber sido una tragedia.

Estoy feliz porque estoy bien.
Me siento realizado a tu lado.
Lo único que me hace ser infeliz.
Es estar sin ti, no tenerte conmigo.

Tu, que esta nueva vida me has traído.
Que me has dado este gran tesoro.
Tu, que eres el amor que he soñado.
Aquí estoy amándote y por ti ser amado.

Tu eres mi pasión, mi única misión.
Porque eres todo lo que yo necesito.
También eres mi mas grande historia.
Esa que llega en el mejor momento.

Contigo mi tinta encuentra inspiración.
Como la teoría el fundamento.
La fe por lo mejor que está por llegar.
Donde tú y yo brillamos en el firmamento.

THE HOPE OF A TOMORROW

I will love you forever even if you have left me.
You left me while I was waiting for you.
I am a vassal, that I loved as I did not expect to love.
Fool, I could not see the shadow of brilliance.

Boisterous ungrateful that you threw me into the darkness.
You couldn't know my heart, that's why you left.
You are the needy who took refuge in my soul.
Judas, who sank the spikes in my life.

Nothing could imagine, because your love blinded me.
I couldn't fight, because you just disappeared.
You never believed, that's why your love was insufficient.
Outstanding circe, source of life and death.

It was nice to feel your love, although it was never mine.
It was beautiful to love you, how beautiful to continue loving you.
I wanted to live a lifetime with you and you left me.
We walked together and suddenly, you came back.

Unheard of that we were so close to being together.
Although my life at your side has been a farce.
But in the end, I'm happy to have gone down that road.
Although I breathe, dwelling in this hell.

Today I do not sleep, because you took my dream.
Sometimes I love you more, sometimes you're just a memory.
Sometimes I miss you, and other times, you're just forgetfulness.
But today, I have accepted better that you are gone.

I feel nostalgic to remember what we live.
Melancholy, for something that can never be fulfilled.
There will be no days, nor will there be nights.
Only music that exclaims, the betrayal of dreams.

I do not seek to replace you, but the desire to heal myself.
That lives firm in me, the hope of a tomorrow.
With the illusion that the lights to be turned on again.
Securing a path, which does not return to the past.

LA ESPERANZA DE UN MAÑANA

Te amaré por siempre aunque me hayas dejado.
Te fuiste de mi, mientras yo te seguía esperando.
Vasallo soy, qué te amé como no esperé amarte.
Bobo, que no pude ver la sombra de lo brillante.

Ingrata bulliciosa que me arrojaste a las tinieblas.
Te falto conocer mi corazón, por eso te fuiste.
Eres la menesterosa que se refugio en mi alma.
La judas, que hundió las escarpias en mi vida.

Nada pude imaginar, porque tu amor me cegaba.
No pude luchar, porque tan solo desapareciste.
Nunca creíste, por eso tu amor fue insuficiente.
Descollante circe, fuente de la vida y la muerte.

Fue bonito sentir tu amor, aunque nunca fue mío.
Bello fue el amarte, como bello seguir amándote.
Quise vivir toda una vida contigo y me dejaste.
Caminamos juntos y de repente, te regresaste.

Inaudito que estuvimos tan cerca de estar juntos.
Aunque mi vida a tu lado, haya sido una farsa.
Pero al final, soy feliz haber recorrido ese camino.
A pesar de que respire, morando en este averno.

Hoy no duermo, porque te llevaste mi sueño.
A veces te amo más, a veces solo eres recuerdo.
A veces te extraño, y otras veces, solo eres olvido.
Pero hoy en día, aceptado mejor que te hayas ido.

Siento nostalgia acordarme de lo que vivimos.
Melancolía, por algo que jamás podrá cumplirse.
Ya no habrán días, ni tampoco habrán noches.
Solo música que clame, la traición de los sueños.

Hoy no busco sustituirte, sino la ansia de sanarme.
Que vive firme en mi, la esperanza de un mañana.
Con la ilusión, que las luces se prendan de nuevo.
Afianzado a un camino, que no regresa al pasado.

We are the truth
of two hungry hearts.
Where the love
has entered and found.
To be together, forever.

Somos la verdad
de dos corazones
hambrientos.
Donde ha entrado y se
ha encontrado el amor.
Para estar juntas,
por siempre.

SHOWCASE

You can no longer escape my eyes.
Your beauty is beyond dazzling.
I am attracted to everything about you, and every part of you.
That even without seeing you I can feel your image.

How do you ask me to stop seeing you?
How can I not feel your presence?
I am not blind and invalid to your beauty.
That it is impossible for me to ignore your existence.

Tell me then ...
What do I do to be transparent?
Tell me then ...
How can I see and not see you?

Believe me, even when I see you face to face.
I can also see your back.
Not every hair that falls on your body.
It can prevent me from discovering your charm.

Hear me I love being able to admire you.
You make the days happy and interesting.
Just wake up, for you to get to me.
To bring back your effigy to my mind.

Therefore, I hope the arrival of tomorrow.
May my soul continue to implore to treasure you.
Even if you are far away, you will be close.
As the struggle of the heart will make you closer.

Tomorrow, you will be inserted again in me.
So sunk that I will feel you at my right hand.
That I won't want anymore, just imagine you.
Swarthy day that I will also want to touch you.
That I will also need to kiss you.

Of course I await that dark and sad day.
The day I notice that you don't exist.
When I will know that you are only a showcase.
And that I can never have you.

ESCAPARATE

Ya no puedes escapar a mis ojos.
Tu belleza es por demás deslumbrante.
Me atrae todo y cada parte de ti.
Que aun sin verte puedo sentir tu imagen.

¿Cómo me pides que deje de verte?
¿Cómo puedo no sentir tu presencia?
No soy ciego e invalido a tu belleza.
Que me es imposible ignorar tu existencia.

Dime tu entonces...
¿Qué hago para ser transparente?
Dime tu entonces...
¿Cómo puedo ver y no verte?

Créeme que aun cuando te veo de frente.
También puedo contemplar tu espalda.
Ni cada cabello que cae en tu cuerpo.
Puede evitar que descubra tu encanto.

Oyeme que me encanta poder admirarte.
Haces los días alegres e interesantes.
Basta despertar para que llegues a mí.
Para traer de nuevo, tu efigie a mi mente.

Por ello, espero la llegada del mañana.
Que mi alma siga implorando atesorarte.
Que aunque estes lejos, estarás cerca.
Pues la brega del corazón te hará acercarte.

Mañana estarás inserta nuevamente en mi.
Tan hundida que te sentiré a mi diestra.
Que ya no querré más, solo imaginarte.
Atezado día que querré también tocarte.
Que necesitaré también besarte.

Claro que aguardo ese día oscuro y triste.
El día que advierta que tu no existes.
Cuando sabré que solo eres un escaparate.
Y que jamás podré tenerte.

QUESTIONS

How to define the immensity of feeling?
Tell me, that you are the great mystery of my life.
The one that causes so many sensations within me.
The reason that letters sprout from my hungry heart.

How to express the sensation of kissing your lips?
The joy that you are close and the pain that you are far?
How to express the feeling just by touching you?
How to stop the desire to want to love you forever?

I live lacking the words to explain you.
Insufficient understanding of what I feel.
I only know the desire to want to die in your arms.
Of the anguish caused by not being by your side.

How to explain this wonder of loving you?
How to describe that love is the most wonderful thing?
How to detail the emotion caused by seeing you?
Why happiness is expressed by crying?

Hesitant ending that is also a beginning.
Questions that make me suffocate on ideas.
Which is unexplainable feeling of being in love.
Enigmatic heart that in the end we call miracle.

Together you and I who come from different places.
United by the death of a soul that is transformed.
Knowing, without understanding, that it is the ineffable time.
With just one thing in common that makes us perfect.

How to forget the desires confined at night?
Unknowns with a clear look, without hallucinations.
How to delight the fear of the cold of absence?
How to omit that love is the prodigious food?

But I renounce to resign, to the passion of a respite.
Although in the end the questions have appeared.
This is not the end of a kiss that makes me sleep.
But the essence of the best, that has happened to me.

INTERROGANTES

¿**C**ómo definir la inmensidad del sentimiento?
Dime tú, que eres el gran misterio de mi vida.
La que provocas tantas sensaciones dentro de mi.
La razón que broten letras de mi corazón hambriento.

¿Cómo expresar la sensación de besar tus labios?
¿La alegría que estes cerca y el dolor que estes lejos?
¿Cómo expresar el sentir por tan solo tocarte?
¿Cómo frenar el deseo de querer amarte por siempre?

Vivo carente de las palabras para explicarte.
Insuficiente en el entendimiento de lo que siento.
Solo se del afán de querer morir en tus brazos.
De la angustia que me causa el no estar a tu lado.

¿Cómo explicar este portento de amarte?
¿Cómo describir que el amor es lo más maravilloso?
¿Cómo detallar la emoción que me causa el verte?
¿Por qué la felicidad se expresa con un llanto?

Vacilante final que igualmente es un comienzo.
Interrogantes que me hacen asfixiarme en ideas.
Cual inexplicable es el sentir de estar enamorado.
Enigmático corazón que al final llamamos milagro.

Juntos tu y yo que acudimos de diferentes parajes.
Unidos por el óbito de un alma que se transforma.
Sabiendo, sin entender, que es el inefable tiempo.
Con solo algo en común que nos hace perfectos.

¿Cómo olvidar los deseos recluidos en las noches?
Incógnitas con una mirada clara, sin alucinaciones.
¿Cómo deleitar el miedo del frío de la ausencia?
¿Cómo omitir que el amor es el ingente alimento?

Pero renuncio a renunciar a la pasión de un respiro.
Aunque al final las interrogantes hayan comparecido.
Este no es el final de un beso que me haga dormir.
Si no la esencia de lo mejor que me ha sucedido.

NOMAD

My whole space is filled with you.
I open my eyes and instantly you appear.
There is no time you are not missed in my mind.
Not something I do that doesn't feel your presence.

You have completely filled my days.
As well gladdened the tedious chores.
You have lit up the dark surroundings.
And awakened my lying heart.

Now everything shines on my journey.
The poems run in my arteries.
With you by my side, my soul has been reborn.
You are the reason, that I had lost.

From the beginning everything has been beautiful.
Little by little, our idyll is increasing.
Today I just feel in love.
Perfect, when yesterday I felt lost.

The journey of history begins.
Today, I only have the purpose to love you.
The dying of yesterday has disappeared.
And tomorrow's resolution does not exist.

This is the time I had dreamed of.
This is the crusade that has triumphed.
I have finally reached the love of my life.
The one I had always looked for.

You are undoubtedly the culmination of my infinite.
Eden of paradise and oasis of my desert.
You are the cause of everything I feel.
And the notable epilogue of my destiny.

I, who have been a nomad of existence.
I swear that no other universe exists.
Just this, blessed place where you live.
Willing heart, to stay forever.

NOMADA

odo mi espacio está lleno de ti.
Abro los ojos y al instante apareces.
No hay momento que faltes en mi mente.
Ni algo que haga, que no sienta tu presencia.

Has llenado mis días por completo.
Así como alegrado los tediosos quehaceres.
Has iluminado los oscuros entornos.
Y despertado mi corazón yacente.

Ahora todo resplandece en mi trayecto.
Los poemas corren en mis arterias.
Contigo a mi lado, mi alma ha renacido.
Eres la razón que había perdido.

Desde el principio todo ha sido hermoso.
Poco a poco, nuestro idilio aumentando.
Hoy simplemente me siento enamorado.
Perfecto, cuando ayer me sentía extraviado.

Empieza el caminar de la historia.
Hoy, solo tengo la resolución de amarte.
El agonizar del ayer ha desaparecido.
Y la resolución del mañana no existe.

Este es el tiempo que había soñado.
Esta es la cruzada que ha triunfado.
Por fin he alcanzado el amor de mi vida.
El que siempre había buscado.

Eres sin duda el colofón de mi infinito.
Edén del paraíso y oasis de mi desierto.
Tu, eres la causa de todo lo que siento.
Y el epílogo insigne de mi destino.

Yo, que he sido nómada de la existencia.
Juro que ningún otro universo existe.
Solo este, beato lugar en el que tu vives.
Almo corazón, para quedarme siempre.

MY COMPLEMENT

Your body is my body that I see in your eyes.
Your soul is my temple where the eternal lives.
The distance is the wings that feed my faith.
Loving you and you loving me, is everything in me.

Words are meager for so much feeling.
How imperative to hug you to turn off the panic.
Although everything is brilliant,
without you everything is lacking.
A clear challenge of living, when you are absent.

In each light I can see you as if you were here.
In each voice listen to you, as if you spoke to me.
All the verses lead me to say that I love you.
You are my universe, my happiness and my calm.

I live wrapped in the need of you every second.
Facing a new dawn conquering everything.
Admiring a light that nothing can be turned off.
In the beautiful life herd of always adore you.

I want your heart, which is what mine asks of me.
I want to caress you, that my hands acclaim it.
That I cannot live alone in the comfort of loving you.
If there is a possibility of having you in my arms.

Today, know that you love me, for me it is enough.
Able to climb up to the highest peak.
Without ever accepting an empty space.
Conquering with a kiss, the same firmament.

You are the complement, who came to magnify me.
You are the heart that could make me fall in love.
I want you to be here, to live without you in my mind.
So that you are no longer, thoughts of thinking.

I want your body, so you never walk away.
And never to dream more, the love between us.
Knowing that it is me, the reason for your existence.
That I know, that you are, my soul and my essence.

MI COMPLEMENTO

Tu cuerpo es mi cuerpo que veo en tus ojos.
Tu alma es mi templo donde vive lo eterno.
La distancia son las alas que alimentan mi fe.
El amarte y que me ames, es el todo en mi ser.

Las palabras son exiguas para tanto sentimiento.
Como imperioso abrazarte para apagar el pánico.
Aunque todo es brillante, sin ti todo es carente.
Un claro desafío de vivir, cuando estas ausente.

En cada luz puedo verte como si estuvieras aquí.
En cada voz escucharte, como si me hablaras a mi.
Todos los versos me llevan a decir que te amo.
Eres mi universo, mi felicidad y mi sosiego.

Vivo envuelto en la necesidad de ti cada segundo.
Frente a un nuevo amanecer conquistándolo todo.
Admirando una luz, que por nada puede apagarse.
En la hermosa vida manada de siempre adorarte.

Quiero tu corazón que es lo que me pide el mío.
Quiero acariciarte, que mis manos aclaman ello.
Que no puedo vivir solo en el consuelo de amarte.
Si existe la posibilidad de tenerte en mis brazos.

Hoy, saber que me amas, para mi es suficiente.
Capaz de escalar, hasta la cúspide más alta.
Sin aceptar nunca más un espacio vacío.
Conquistando con un beso, el mismo firmamento.

Eres el complemento, que vino a engrandecerme.
Eres el corazón, que pudo enamorarme.
Quiero que estés aquí para vivir sin ti en mi mente.
Para que ya no seas, el pensar del pensamiento.

Quiero tu cuerpo para que nunca te alejes.
Para ya nunca soñar más, el amor entre ambos.
Sabiendo que soy yo, la razón de tu existencia.
Que yo sé, que tu eres, mi alma y mi esencia.

DO NOT FEAR

Do not fear and let your fears escape.
Follow the eyes of the heart that are your lighthouse.
Travel without hesitation to where it shines.
That I'll be there, spreading my arms.

Don't stop the boom flight.
Now everything is calm in thought.
Let me continue on the smoothness of your lips.
And no longer follow, the past of the shadows.

Please stay away from the fear of history.
Abandon now, the fears of uncertainty.
Escape the noise that punishes your imagination.
Surrender your heart to an unbeatable time.

Don't you feel that this love is true?
That suffocates the uncertainty of the perfect.
I am the truth of the silence that loves you.
The undeniable love that brings hope.

Leave today, the vintage of the past.
Get away from the darkness of the archaic.
Today, be able to scare away the terrors.
Turning off the temptation of two bodies.

Lean on me when panic strikes.
Experience the axiom that barracks in the soul.
I just want you to hear the testimony.
And although in this, you presage death.
It's just the evidence of how much I love you.

Don't you feel like I'm afraid too?
I also suffer in the hypothesis of losing you.
But I am relieved by the profuse set of having you.
Prevailing episode of the time we live in.

Together we journey as beams of the future.
The naked silence of the true essence.
Chasing away fears, in the peace of bliss.
With no more fear, even if fear exists.

03

NO
TEMAS

a no temas y deja escapar tus temores.
Sigue los ojos del corazón que son tu faro.
Viaja sin titubear hacia donde este brilla.
Que ahí estaré, extendiendo mis brazos.

No detengas el vuelo de la bonanza.
Ahora todo es sosiego en el pensamiento.
Déjame continuar en la tersura de tus labios.
Y no seguir mas, el pasado de las sombras.

Por favor apártate del miedo de la historia.
Abandona ya los temores de lo incierto.
Huye al ruido que castiga tu imaginación.
Rinde tu corazón a un inmejorable tiempo.

¿Qué no sientes que este amor es cierto?
Que sofoca la incertidumbre de lo perfecto.
Soy yo la verdad del silencio que te ama.
El innegable amor que acarrea esperanza.

Deja hoy mismo lo añejo del pasado.
Apártate de la penumbra de lo arcaico.
Hoy, se capaz de ahuyentar los espantos.
Apagando la tentación de dos cuerpos.

Apóyate en mi cuando aparezca el pánico.
Vive el axioma que se acuartela en el alma.
Solo quiero que escuches el testimonio.
Y aunque en este presagies la muerte.
Es solo la evidencia de lo que te amo.

¿Qué no sientes que yo también temo?
También sufro en la hipótesis de perderte.
Pero me alivia el lance profuso de tenerte.
Imperante episodio del tiempo que vivimos.

Juntos peregrinamos como vigas del futuro.
El desnudo silencio de la verdadera esencia.
Ahuyentando miedos en la paz de la dicha.
Sin temer mas, aunque el miedo exista.

YOUR PHOTO

What do I do to see the truth in your eyes?
What do I do if you don't even want to look at me?
How to know if I'm cheated?
How, if you don't even want to lie to me?

Look I'm a tireless gladiator.
But your floret has me confused.
I no longer know if walking is the right thing.
Or if my stubbornness continues to venerate you.

Maybe you love someone different.
While I persist excited about your name.
Perhaps there is no longer room in your heart.
It might corresponds to another man.

I am only here because you are something divine.
Because I want to share my life with you.
Am I doing something forbidden?
Or are you in love but not with me?

Believe me, I'm trying to decipher the way.
Understand if the future I pursue in you is clear.
I would just love to have a grimace.
That makes me embrace a hope.
Or turn, to point to another destination.

I am ignorant that I do not understand your parables.
Metaphors that lift and collapse.
Will they be thought of me?
Or maybe I am a third party?
Surely that's why I can't understand it.

I don't want you to go, I don't know if you should stay.
But I don't want you to stay, if you must leave.
In the end, if this is the time to love you.
Shut up and let your photo tell me.

We could well be together, two dreams fulfilled.
That it is impossible to be oblivious to what we have felt.
I am a tumult of desire of you, but more of the truth.
That I am ready to sink into the abyss.
Avoiding a tomorrow, which does not correspond to me.

107

TU
FOTO

¿ ué hago para ver la verdad en tus ojos?
¿Qué hago, si ni siquiera quieres mirarme?
¿Cómo saber si estoy engañado?
¿Cómo, si ni siquiera quieres mentirme?

Mira que soy un gladiador incansable
Pero tu florete me tiene confundido.
Ya no se si el caminar sea lo debido.
O si mi porfía te siga venerando.

Quizás ames a alguien diferente.
Mientras yo persista ilusionado con tu nombre.
Quizás ya no halla espacio en tu corazón.
Quizás ya corresponde a otro hombre.

Yo solo estoy aquí porque eres algo divino.
Porque quiero compartir mi vida contigo.
¿Acaso estoy haciendo algo prohibido?
¿O acaso estas enamorada pero no conmigo?

Créeme que intento descifrar el camino.
Entender si es claro el futuro que en ti persigo.
Me encantaría tan solo tener una mueca.
Que me haga abrazar una esperanza.
O que gire para apuntar a otro destino.

Ignorante soy que no entiendo tus parábolas.
Metáforas que levantan y derrumban.
¿Estarán pensadas en mi?
¿O tal vez yo sea un tercero?
De seguro por eso no pueda entenderlas.

No quiero que te vayas, ni se si debas quedarte.
Pero no quiero que te quedes, si debes marcharte.
Al final, si este es el tiempo de amarte.
Calla y permite que me lo diga tu foto.

Bien podríamos juntos, ser dos sueños cumplidos.
Que es imposible ser ajeno a lo que hemos sentido.
Soy un tumulto de ganas de ti, pero más de la verdad.
Que estoy listo para hundirme en el abismo.
Rehuyendo a un mañana que no me corresponde.

I walk in a soul filled with your love.

A tremulous body from the drug of your caresses.

Just kiss me and let your lips feel my soul.

I am the heart of the time that comes to love you.

Camino en una alma colmada por tu amor.

Un cuerpo trémulo por la droga de tus caricias.

Solo bésame y deja que tus labios sientan mi alma.

Soy el corazón del tiempo...

...que viene a amarte.

WITH YOU AND WITHOUT YOU

I have left the path of history to love you.
Deleted the pattern of a life, which was marked.
I have freed myself, to feel the magic of your heart.
Inmate to the invisible hand of love that has imprisoned me.

Even having different reasons for falling in love.
Are the same illusions that have brought us together.
I have only followed the dreams that could have imagine you.
Those, who without knowing you, managed to have loved you.

I relied on the path that has led me to your future.
Because you have been the fantastic answer to my prayers.
The ones that made it possible for my life to come out of darkness.
The ones that brought me here, to write our biography.

I want to continue walking with you, so that you are my guide.
Abandon myself in the infinity of what illuminates my heart.
Although I see at my feet that I am on the edge of the precipice.
I trust that this love will take us to the most beautiful firmament.

You are a real maiden who adorns love with me.
Here I carry the throne where it rests your conscience.
To crush the shadows with the light of a super-moon.
And receive the covenant reward as the great treasure.

I will continue writing, to empty my life of you.
Continue celebrating the dreams that have been here.
Without fear, for the darkness and without pain for what hurts.
With the illusion of someday seeing you without you being my effigy.
Without being submerged in the dream in which you met me.

Then we will discover that there is telepathy in us.
There is a lot of difference between life with you and without you.
Undressing two feelings in distemper.
As it has been in history, the struggle of hope.

Now, everything can be read as part of what I write.
There will only be time and not just the tomorrow I hope for.
Life can be complete or incomplete, but it doesn't matter.
I just want to live that day, that my heart could imagine you.

CONTIGO
Y SIN TI

He dejado el camino de la historia para amarte.
Borrado el patrón de una vida que estaba marcada.
Me he liberado para sentir la magia de tu corazón.
Preso a la invisible mano del amor que me ha aprisionado.

Aun teniendo diferentes razones por habernos enamorado.
Quizás sean las mismas ilusiones que nos han juntado.
Yo solo he seguido los sueños que te han imaginado.
Esos que sin conocerte, lograron inclusive haberte amado.

He confiado en el rumbo que me ha llevado a tu futuro.
Porque has sido la fantástica respuesta a mis plegarias.
Las que hicieron posible que mi vida saliera de las tinieblas.
Las que me trajeron aquí, para escribir nuestra biografía.

Quiero seguir caminando contigo para que seas mi guía.
Abandonarme en el infinito de lo que a mi corazón ilumina.
Aunque vea en mis pies que estoy en la orilla del precipicio.
Confío que este amor nos lleve al mas bello firmamento.

Eres una real doncella que viste el amor conmigo.
Aquí llevo el trono donde descansa tu conciencia.
Para aplastar las sombras con la luz de una super luna.
Y recibir la recompensa de la alianza como el gran tesoro.

Voy a seguir escribiendo para vaciar mi vida de ti.
Continuar celebrando los sueños que aquí han estado.
Sin temor por la oscuridad y sin dolor por lo que lastima.
Con la ilusión de algún día verte sin que seas mi efigie.
Sin seguir sumido en el sueño en el que me conociste.

Entonces descubriremos que existe telepatía en nosotros.
Que hay mucha diferencia entre la vida sin ti y contigo.
Desnudando dos sentimientos en la destemplanza.
Como ha sido en la historia, la pugna de la esperanza.

Ahora ya se podrá leer todo como parte de lo que escribo.
Solo existirá el tiempo y no solo el mañana que espero.
La vida puede ser completa o incompleta, pero no importa.
Solo quiero vivir ese día, que mi corazón pudo imaginarte.

WEEKS, MONTHS AND YEARS

The seconds cannot walk anymore.
I also cannot understand that I love you.
All the time is full of you.
Where only your name resounds.

The more absent you are, the more I love you.
That already, the distance disappears.
I have loved you even years I did not know you.
But in my mind, you had been.

You have always been part of me.
To love you as I am doing today.
I love you without promises in tomorrow.
And without turning to look at the past.

116

I love you for what you have changed in me.
For everything we have dreamed of together.
In front shines a wonderful future.
In which I will only continue to love you.

Nothing can die now.
Less now that everything has been reborn.
Your love has injected life again.
It is impossible to love if you do not exist.

I want to go home where you wait.
Home to love you forever.
Get up with you every morning.
Weeks, months and years.

And even if bad times come.
When the seconds weigh.
Love will always be present.
So they don't stay, so they just pass.

And if we listen to the silence.
Where the words are hollow.
It is true that I will love you more.
Enough to change the time.
And together, each day go on.

SEMANAS, MESES Y AÑOS

Ya no pueden caminar los segundos.
Que no pueda entender que te amo.
Todo el tiempo está lleno de ti.
Donde solo retumba tu nombre.

Entre más ausente estas, más te quiero.
Que ya la distancia desaparece.
Te he amado aun los años que no te conocía.
Pero que en mi mente habías estado.

Siempre has sido parte de mi.
Para amarte como hoy lo estoy haciendo.
Te amo sin promesas en el mañana.
Y sin voltear a ver al pasado.

Te amo por lo que en mi has cambiado.
Por todo lo que juntos hemos soñado.
Al frente resplandece un maravilloso futuro.
En el que solo te seguiré amando.

Nada puede morir ahora.
Menos ahora que todo ha renacido.
Tu amor ha inyectado vida nuevamente.
Es imposible amar si tu no existes.

Quiero ir a casa donde tu esperas.
El hogar para amarte siempre.
Levantarme contigo cada mañana.
Semanas, meses y años.

Y aunque lleguen malos momentos.
Cuando los segundos pesan.
El amor siempre estará presente.
Para que no se queden, para que solo pasen.

Y si escuchamos el silencio.
Donde las palabras estén huecas.
Cierto es que te amare más.
Lo suficiente para cambiar el tiempo.
Y juntos, cada día seguir adelante.

UNTIL THE SUN RISES AGAIN

I have eternally waited for twilight.
The streaking of the dawn of awakenings.
Today, the abacus adds long hours of fog.
It is another day, after a sleepy dream.

I think now I can try something different.
Getting to stop waiting for so many distances.
Discovering the shutter where the light enters.
And hope that the flower shows me hope.

Of course the dogma of absence may die.
Turn where the withered badlands remains.
Without stopping, until the sun rises again.
Without being late, but the best of home time.

120

That will be the day when all will be accomplished.
The day when the harmony of the words shelter.
In which fantasy no longer expresses strangeness.
Not even the shadow of faith, be a fossil of tomorrow.

I am the angelus that revolves around a future.
Shouted a love even in abandoned towns.
Without continuing to ponder the anguish of the fears.
And ignoring the decline that caused a thousand cries.

I have recovered the piece of life that was stolen from me.
Here I am because I don't want to be a stranger anymore.
Because I loved and that not even silence can change it.
And I profess the brilliance that shines again on high.

Behind it was the obituary for a seraphic destiny.
A smoke of straws veiled by a white canvas.
It has unleashed the bestial reincarnation of the soul.
Erect to wake up in the brand new dawn.

Now everything in me has been washed with ashes.
Nothing remains similar in my existence.
I live in the rays that feed wild flowers.
Knowing that one day the light will stay forever.

HASTA QUE EL SOL SALGA DE NUEVO

He esperado eternamente el crepúsculo.
El rayar de la aurora de los amaneceres.
Hoy, el ábaco suma largas horas de calígine.
Es otro día más, después de un abúlico sueño.

Creo que ahora puedo intentar algo diferente.
Conseguir detener la espera de tantas distancias.
Descubriendo el postigo por donde la luz entra.
Y esperar que la flor me enseñe una esperanza.

Claro que puede morir la dogma de la ausencia.
Voltear adonde quedaron los mustios páramos.
Sin parar, hasta que el sol salga de nuevo.
Sin ser tarde, sino el mejor del tiempo hogaño.

Será el día en que todo se habrá consumado.
El día en que la armonía de las palabras cobijen.
En el que la fantasía ya no exprese extrañeza.
Ni la sombra de la fe, sea un fósil del mañana.

Soy el ángelus que gira alrededor de un futuro.
Gritado un amor aun en pueblos abandonados.
Sin seguir ponderando la angustia de los temores.
E ignorando el ocaso que causó mil llantos.

He recobrado el trozo de vida que me fue robado.
Aquí estoy porque no quiero ser más un forastero.
Porque amé y eso ni el silencio podrá cambiarlo.
Y profeso el fulgor que brille otra vez en lo alto.

Atrás quedó la esquela de un seráfico destino.
Un humo de pajas velado por un lienzo blanco.
Desbocado la bestial reencarnación del alma.
Erguido para despertar en la flamante alba.

Ahora todo en mi, ha sido lavado con cenizas.
Ya nada permanece semejante en mi existencia.
Vivo en los rayos que alimentan las flores salvajes.
Sabiendo que un día, la luz se quedará por siempre.

TODAY

oday I could know why I love you so much.
I touched time, which discovered a love.
Rolling between the sheets of your kisses.
Living dreams that could be dreamed.

I am still seduced by every part of your body.
Filled with insatiable cravings for yearning.
Writing skillful letters to venerate love.
Knelled, grateful for finding you.
Or maybe crying because I could fall in love.

Today I was able to fill myself with knowledge.
Open the window of a beautiful reality.
A clarity treasured by the heart.
The most beautiful feeling that will forever follow.

This is the flower that never withers.
The rain that passion baptizes.
This is the shadow that walks in my body.
The life that the eternal spirit guards.

Today I could understand that I need you.
Where the soul no longer feels empty.
At the bend, where the light cannot be missed.
In the majestic feel that hosts imagining.

Today I understood that in front of you, I can look at you.
You, leaning on my shoulder feeling the throbbing.
Watching days go by and also the darkness.
Living the glory we long to start.

Today I learned that you are the woman I love.
Tied to the side from where I did not want to get away.
Opting for the magic of this nirvana.
Without trying anything different than eternity.

Today with you on the pillow of happiness.
Absent in the skins of fascination.
In the triumphant interior of the temple of confession.
Praised by the ringing of the bells of love.

HOY

oy pude saber por que te amo tanto.
Toqué el tiempo que descubrió todo un amar.
Rodando entre las sabanas de tu besos.
Viviendo sueños que se pudieron soñar.

Sigo seducido por cada parte de tu cuerpo.
Colmado en ansias insaciables de la añoranza.
Escribiendo letras diestras para venerar el amor.
Hincado, agradeciendo que te pude encontrar.
O quizás llorando porque me pude enamorar.

Hoy pude llenarme del saber.
Abierto la ventana de una bella realidad.
Una claridad atesorada por el corazón.
El mas bello sentimiento que por siempre seguirá.

Esta es la flor que nunca marchita.
La lluvia que la pasión bautiza.
Esta es la sombra que en mi cuerpo camina.
La vida que el eterno espíritu custodia.

Hoy pude entender que te necesito.
Donde no mas el alma se sienta vaciar.
En el recodo, donde la luz no se puede extrañar.
En el majestuoso sentir que aloja el imaginar.

Hoy entendí que frente a ti, te puedo mirar.
Tu, recargada en mi hombro sintiendo el palpitar.
Viendo pasar días y también la obscuridad.
Viviendo la gloria que anhelamos comenzar.

Hoy supe que eres la mujer que adoro.
Atado a un costado de donde no me quise alejar.
Optando por la magia de esta nirvana.
Sin intentar nada diferente que la eternidad.

Hoy junto a ti en la almohada de la ventura.
Ausente en las pieles de la fascinación.
En el interior triunfante del templo de la confesión.
Alagadas por el timbre de las campanas del amor.

TODAY I CAN LOVE YOU

Every day I feel you close.
Yesterday I could know more about you.
I could feel the harmony.
I could hear your feeling.

I knew a lot about you.
I keep your smile.
I know everything will be fine.
I don't want to change anything.

Now nothing matters.
Talking or keeping quiet.
Listening or observing.
I just want it to be you.
As you are and nothing else.

The wait has been worth it.
Today it is possible to breathe.
Again see the light.
That you should never turn off.

I couldn't imagine anything.
So much shine, so much glare.
All pure clarity.
After a long awakening.

I understood that you are for me.
That together we should be.
For a lifetime.
In which I can venerate you.

I will put the world at your feet.
Everything you can dream of.
You are the will of my soul.
The achievements of my looking.

You are my strength and intensity.
My firmness and tenacity.
You are my entire universe.
But also my fragility.

Yesterday I could know.
Today I can love you.

HOY YA
TE PUEDO AMAR

Cada día te siento cerca.
Ayer pude saber más ti.
Pude palpar la armonía.
Pude escuchar tu sentir.

Conocí mucho de ti.
Se me quedó tu sonrisa.
Se que todo estará bien.
Nada quiero cambiar.

Ahora nada importa.
El hablar o el callar.
El escuchar u observar.
Solo quiero que seas tu.
Tal como eres y nada mas.

La espera ha valido la pena.
Hoy se puede respirar.
Nuevamente ver la luz.
Que jamas debes apagar.

Nada pude imaginar.
Tanto brillo, tanto fulgor.
Todo pura claridad.
Después de un largo despertar.

Entendí que eres para mi.
Que juntos debemos estar.
Para toda una vida.
Poderte venerar.

Pondré el mundo a tus pies.
Todo lo que puedas soñar.
Eres la voluntad de mi alma.
Los logros de mi mirar.

Eres mi fortaleza e intensidad.
Mi firmeza y tenacidad.
Eres todo mi universo.
Pero también mi fragilidad.

Ayer pude saber.
Que hoy ya te puedo amar.

AN
ANGEL

You and I are now one.
In heart, soul and thought.
Today I breathe the same glory you breathe.
And my life you have it, in your hands.

It seems that now everything is complete.
You came to fill what was hollow in me.
You are the perfect complement.
You are my sap, my whole life, my food.

Now I wake up and I see your smile.
I see your face, your mouth, your hair, your body.
I feel you in me, as one spirit.
Living in me, at all times.

I walk, run, drive, pray, work, think.
I see your image, your shadow, everywhere.
No matter what I do, your presence follows me.
And even distant, I can perceive your fragrance.

This is the beautiful dream of all my time.
The embrace of happiness for an entire existence.
You are the eternity that I love and will love forever.
The life and death that will never fade away.

Now whisper something to me ...
That a whisper makes me write a book.
Give me a caress ...
That a caress makes me reach infinity.
Kiss Me...
That your lips make me feel the dew.
Open your heart...
To sink into this perennial love.

But...
How to explain that today had already existed?
How to understand that happiness was reserved?
Although you are much more than the scope of a dream.
Only God could have been splendid and generous.
He kept for me this beautiful seraphim, which is you.
An angel that I have plucked from heaven.

133

UN ANGEL

Tu y yo ahora somos uno.
En corazón, en alma y en pensamiento.
Hoy respiro la misma gloria que respiras.
Y mi vida la tienes en tus manos.

Parece que ahora todo está completo.
Viniste a llenar lo que en mi estaba hueco.
Eres tú el perfecto complemento.
Eres mi savia, mi vida entera, mi alimento.

Ahora despierto y veo tu sonrisa.
Veo tu cara, tu boca, tu cabello, tu cuerpo.
Te siento en mi, como un solo espíritu.
Viviendo en mi, en todo momento.

Camino, corro, manejo, oro, trabajo, pienso.
Veo tu imagen, tu sombra, en todas partes.
No importa lo que haga, me sigue tu presencia.
Y aun distantes, puedo percibir tu fragancia.

Este es el bello sueño de todo mi tiempo.
El abrazo a la felicidad por toda una existencia.
Eres la eternidad que amo y amaré por siempre.
La vida y la muerte que jamás hará esfumarse.

Ahora murmúrame algo...
Que un susurro me hace escribir un libro.
Dame una caricia...
Que un mimo me hace alcanzar el infinito.
Bésame...
Que tus labios me hacen sentir el rocío.
Abre tu corazón...
Para hundirme en este amor perenne.

Pero...
¿Cómo explicar que el hoy ya había existido?
¿Cómo entender que la felicidad estaba reservada?
Aunque eres mucho más del alcance de un sueño.
Solo Dios pudo haber sido espléndido y generoso.
Me ha guardado este hermoso serafín que eres tú.
Un ángel que del mismo cielo le he arrancado.

Come with me and

grOw

old

together.

That I was not born to be without you.
Just like you are the love of my destiny.
You are also, the only life that exists in me.

Ven conmigo para envejecer juntos.
Que no nací para estar sin ti.
Al igual que eres el amor de mi destino.
También eres, la única vida que en mi existe.

NOT
WITH YOU

here will be no more tears where I walk.
This is the time to understand that nothing exists from you.
The illusion of having loved could be and is gone.
The opportunity simply does not live with me anymore.

I have discovered the happiness within my heart.
Although I needed to forgive myself for having believed you.
I prefer to give up and heal the pain you have caused me.
No matter that even without being, I keep thinking about you.

How many times do I wished everything to be real in you?
Know that in the universe only you and I existed?
But it wasn't like that, and everything gradually disappeared.
Feeling how my heart was diluted in your stories.

138

In the same way you came, you left.
You sank into my being to make wounds.
You have been the worst and the most intense of the flares.
That one, from which grotesque black fumes come out.
But even so, in clean air they also fade away.

Little by little, the most beautiful poems decreased.
Along with them, a goodbye to the most ardent words.
The flowers disappeared, and also the smiles.
In the end, as a fortunate misfortune, an I'll never see you again.

Only memories remain, to never forget what you were.
To invoke the wonderful days you gave me.
There lives the story to contain the pain without crying.
There will be the photos to kiss you again.

You showed me how great love becomes.
I learned to see the shadows and find you in the silence.
To love you and feel the authentic feeling of lying free.
Because I was able to bring a real sigh to my heart.

I no longer want to live life as I lived with you.
I no longer want her to come to me, but I want to go to her.
Only then can I succeed in a clear and bright future.
I want a love like yours, but not with you.

NO CONTIGO

Ya no habrá mas lagrimas por donde camino.
Llegó el tiempo para entender que de ti nada existe.
La ilusión de haber amado pudo ser y se ha ido.
La oportunidad, simplemente, no habita más conmigo.

He descubierto la felicidad dentro de mi corazón.
Aunque he necesitado perdonarme por haberte creído.
Prefiero renunciar y sanar el dolor que me has causado.
Sin importar que aun no estando, en ti siga pensando.

¿Cuántas veces desee que todo fuese real en ti?
¿Saber que en el universo solo existía yo y existías tu?
Pero no fue así y todo poco a poco se fue esfumando.
Sintiendo como mi corazón se diluía en tus cuentos.

De la misma manera como llegaste, así te fuiste.
Te hundiste en mi ser para confeccionar heridas.
Has sido la peor y la más intensa de las llamaradas.
Esa, de las que salen grotescos humos negros.
Pero aun así, en el aire limpio también se desvanecen.

Poco a poco, los poemas más bellos disminuyeron.
Junto con ellos, el adiós a las palabras más ardientes.
Las flores desaparecieron, y también las sonrisas.
Al final, como una desgracia afortunada, un hasta nunca.

Solo quedan memorias para no olvidar lo que fuiste.
Para invocar los maravillosos días que me diste.
Ahí vive la historia para contener el dolor sin llorar.
Ahí estarán guardadas las fotos para de nuevo besarte.

Me enseñaste lo grande que llega a ser el amor.
Aprendi a ver las sombras y en el silencio encontrarte.
A amarte y sentir la autentica sensación de yacer libre.
Porque pude traerle al corazón, un verdadero suspiro.

Ya no quiero vivir la vida como la vivi contigo.
No quiero que venga a mi, sino yo ir a su encuentro.
Solo así podré acertar en un claro y brillante futuro.
Quiero un amor como el tuyo, pero no contigo.

MY LAST LETTER

Silence has come.
In front of me is an end.
Today it burns more than ever.
An ending that an enigma has solved.

Everything has become clear.
The impossible says present.
There is no missing love.
Nor are there any kisses I should give you.

The appointment has finally arrived.
It is open forever.
It is the precise date.
Now that nothing else matters.

I don't want to hurt the time anymore.
Or that you touch my soul more.
I prefer to stay loving you.
And go with my dreams.

Here, there is nothing for me.
There are no motives, no reasons.
I go through the life of my fantasies.
The one that my soul glimpses.
Where memories do not exist.

You know I am a dreamer.
I live on real utopias.
You deserve something better.
Someone, full of realities.

I'm not going to look your way anymore.
Nor is it wise to see you in mine.
I want to be alone in this world.
That one day, I wanted to share with you.

In me there is no see you later.
Not a wish for good luck.
This is a definitive goodbye.
This is my last letter.

MI ULTIMA
CARTA

Ha llegado el silencio.
Frente a mi está un final.
Hoy arde más que nunca.
Un final que un enigma ha resuelto.

Todo ha quedado claro.
Lo imposible dice presente.
No hay amor que falte.
Ni hay besos que deba darte.

Al fin me ha llegado la cita.
Esta abierta por siempre.
Es la fecha precisa.
Pues ya nada mas importa.

Ya no quiero lastimar al tiempo.
Ni que toques más mi alma.
Prefiero quedar amándote.
E irme con mis sueños.

Aquí, ya no existe nada para mi.
Ya no hay motivos, ni razones.
Voy por la vida de mis fantasías.
La que mi alma vislumbra.
Y donde no existen los recuerdos.

Sabes que soy un soñador.
Vivo de reales utopias.
Te mereces algo mejor.
Alguien, lleno de realidades.

Ya no voy a buscar tu camino.
Ni es prudente verte en el mío.
Quiero estar solo en ese mundo.
Que un día quise compartir contigo.

En mi no existe un hasta luego.
Ni un deseo de buena suerte.
Este es un adiós definitivo.
Esta es mi ultima carta.

JUST
YOU

ne day I turned my gaze to see you.
I saw in you the woman of my dreams.
With hope I went looking for you.
To never want to return.

I felt in me, a life decision.
I longed to discover my smile.
I saw you as an angel in front of me.
And I knew it was you, my muse.

It was born my passion to know about you.
I'm relieved to hear an answer.
I succumbed when I touched your hands.
I fainted when I felt your kisses.

146

You and me alone in the crowd
We are nothing more than what exists.
Sighing your breath to live.
Touching your skin, to never die.

I liked being in love.
Feeling that everything is walking again.
Find the place of my heart.
Someone like you, very special.

Know that it is precisely you.
The wonderful woman.
Today I feel the clamor inside me.
In the happiness of being me, who kisses you.

But I miss you and it hurts me.
Without you, I'm not used to it anymore.
I live the need to need you.
Loving today, tomorrow loving you.

I listen to the talk of the eternal lute.
Without existing anymore, the scared echo.
That even if the world ends.
My love for you will live forever.

4

PRECISAMENTE TÚ

Un día voltee mi mirada a verte.
Vi en ti, a la mujer de mis sueños.
Con esperanza salí en tu busca.
Para no querer regresar nunca.

Sentí en mi, una decisión de vida.
Ansiaba descubrir mi sonrisa.
Te vi como un ángel frente a mi.
Y supe, que eras tú, mi musa.

Nació mi pasión por saber de ti.
Me alivio escuchar una respuesta.
Sucumbí cuando rocé tus manos.
Desfallecí cuando sentí tus besos.

Tú y yo, solos entre la multitud,
Somos nada mas lo que existe.
Suspirando tu respirar para vivir.
Tocando tu piel, para nunca morir.

Me gustó estar enamorando.
Sentir que todo vuelve a caminar.
Encontrar el lugar de mi corazón.
A alguien como tú, muy especial.

Saber que eres precisamente tú.
La mujer por demás maravillosa.
Hoy siento el clamor dentro de mi.
En la dicha de ser yo, quien te besa.

Pero te extraño y me causa dolor.
Sin ti, ya no me acostumbro.
Vivo la necesidad de necesitarte.
Amando hoy, el mañana amándote.

Escucho el hablar del laúd eterno.
Sin existir mas, el eco acojono.
Que aunque el mundo se acabe.
Mi amor por ti, vivirá por siempre.

I JUST WANT
TO SEE YOU

ou know?, I want to speak with you.
There are so many things I want to tell you.
Let's have a coffee together, I want to see you.
Being close to you so I can smell you.

You're the only woman with whom I talk.
Also, the coffee next to you is richer.
Although time passes quickly.
It doesn't matter, I just want to see you.

I need to tell you that I miss you.
That I like you, that I love you.
Kiss your hand, touch your hair.
I am so happy to do it.
That I could die there, smiling.

Come on friend, let's have a coffee.
It is the best time to be by your side.
Being in front of you, just looking into your eyes.
Listen to your voice. Spy on your lips.
See your features when I talk to you.

Tell me... How are you? How is your family?
Your parents? How are you doing in the office?
I love hearing your accent.
See your mouth. Feel your spirits. Feel your breath.

Did I mention you're a fascinating woman?
You really enchant me.
Every day that passes, the more I fall in love.
Definitely you are very different.

I want to remember with you the day I met you.
That day that marked my life forever.
I already told you, but I repeat that you scared me.
You just walked straight to me, to kiss me.

Just give me an appointment to find you.
Face to face. I just want to see you.
Feel that our lives are no longer apart.
It is important to see you and tell you that I love you.
Now I want to be the one to walk to kiss you.

SOLO QUIERO VERTE

¿**S**abes? Quiero platicar contigo
Hay tantas cosas que quiero decirte.
Tomemos un café juntos, quiero verte.
Estar cerca de ti para poder olerte.

Eres la única mujer con la que platico.
Además, el café a tu lado es más rico.
Aunque el tiempo pase rápido.
No importa, que solo quiero verte.

Se me sale el decirte que te extraño.
Que me gustas, que te quiero.
Besar tu mano, tocar tu pelo.
Me siento tan feliz hacerlo.
Que podría morir ahí sonriendo.

Vamos amiga, tomemos un café.
Es el mejor momento para estar a tu lado.
Estar frente a ti, solo viendo a tus ojos.
Escuchar tu voz. Espiar tus labios.
Ver tus facciones cuando te hablo.

Dime... ¿Cómo estas? ¿Cómo está tu familia?
¿Tus padres? ¿Cómo te va en la oficina?
Me encanta escuchar tu acento.
Ver tu boca. Palpar tu ánimo. Sentir tu aliento.

¿Te he dicho que eres una mujer fascinante?
De verdad que me encantas.
Cada día que pasa, más me enamoras.
Definitivamente, eres muy diferente.

Quiero recordar contigo el día que te conocí.
Ese día que marco mi vida por siempre.
Ya te lo dije, pero te repito que me asustaste.
Solo caminaste directa a mi, para besarme.

Solo dame una cita para encontrarte.
Cara a cara. Que solo quiero verte.
Sentir que nuestras vidas ya no son aparte.
Me es importante verte y decirte que te amo.
Y ahora quiero ser yo el que camine a besarte.

I JUST WANT TO GO HOME

Time passes without you.
Only broken noises are heard.
I call you in me, but you do not answer.
Time passes and you're not here.
Time passes and anguish appears.

Everything is gone from me, and I feel far from you.
I want to go home, and that you are there.
That there is no reason to leave.
And millions for you to stay here.

I've seen it all end.
Feel the end before beginning.
I've seen my life go off in the distance.
And illusions gradually tear apart.

Why did we go wrong?
What went wrong?
Will I ever kiss you again?
Or can I just forget you?

I do not accept that that life no longer exists.
It is not late when we are for each other.
Although it ends and although the world collapses.
You will forever be the dream of my dreams.
And I, that great love that one day you discovered.

I don't want to be a storm anymore.
I don't want to talk to a mannequin anymore.
I don't want to miss you.
I just want to go home and find you there.

I just want to go home and see your presence.
Take you to the eternity of a promise.
Feeling the kisses of your body.
Where the longing of your smiles stays.

I just want to go home and hug you.
Roll my body through your long hair.
Feel the caresses in the depth of your gaze.
And give the purest love for you to stay.

SOLO QUIERO REGRESAR A CASA

E l tiempo pasa sin ti.
Solo se escuchan ruidos descompuestos.
Te llamo en mi, pero no contestas.
El tiempo pasa y no estas aquí.
El tiempo pasa y la angustia aparece.

Todo se ha ido de mi y me siento lejos de ti.
Quiero regresar a casa y que tú estés ahí.
Que no existe razón alguna para irte.
Y millones para que te quedes aquí.

He visto todo acabarse.
Sentido el final antes de empezar.
He visto mi vida irse en la distancia.
E ilusiones poco a poco despedazar.

No puedo entender ...
¿En qué nos equivocamos?
¿Por qué fallamos tanto?
¿Te volveré a besar alguna vez?
¿O mejor será olvidarte?

No acepto que esa vida ya no exista.
No es tarde cuando somos el uno para el otro.
Aunque termine y aunque el mundo derrumbe.
Por siempre serás el sueño de mi sueños.
Y yo, ese gran amor que un día descubriste.

Ya no quiero ser una tormenta.
Ya no quiero hablar con un escaparate.
Ya no quiero extrañarte.
Solo quiero regresar a casa y ahí encontrarte.

Solo quiero regresar a casa y ver tu presencia.
Llevarte a la eternidad de una promesa.
Sintiendo los besos de tu cuerpo.
Donde se queda el anhelo de tus sonrisas.

Solo quiero regresar a casa y abrazarte.
Enrollar mi cuerpo entre tu largo pelo.
Sentir los caricias en la profundidad de tu mirada.
Y entregarte el mas puro amor para que te quedes.

157

I HOPE YOU ARRIVE SOON

I have my eyes on you.
I can hold you in my soul.
You are all my thoughts.
Everything I feel, what I bring inside.

I am ready to love you.
Consuming the passion of loving you.
It is a fortune to feel this.
Mmm ... Princess, I have you.

Everything makes me be close to you.
But not enough, not what I want.
I am sick of the distance.
Nothing is love from afar.

I don't know why you're still there.
Why have you not come here yet?
It is hard to continue waiting for what you waited.
Not having what you dreamed of.

Life keeps moving.
And I'm still buried here.
You got so close.
But not enough.

I can love you for a thousand years more.
I just want to be in your arms.
Know that in the end you arrived.
Regardless of what happened.

I know things take time.
Don't worry, I can understand it.
My love is all around you.
For when the need of me is born in you.

Love always finds a way.
Survive any suffering.
I hope that you are what I feel.
The woman I knew how to choose.

Hmm... Divine mine.
I hope you arrive soon.
Live the time, to love you.
And finally you decide to stay.

OJALA
LLEGUES PRONTO

engo mis ojos puestos en ti.
Puedo sostenerte en mi alma.
Eres todo mi pensamiento.
Lo que siento, lo que traigo adentro.

Estoy listo para amarte.
Consumar la pasión de quererte.
Es una fortuna sentir esto.
Mmm...Princesa, que te tengo.

Todo me hace estar cerca de ti.
Pero no lo suficiente, no lo que quiero.
Estoy enfermo de la distancia.
Nada es el amor desde lo lejos.

No se porque tu sigues ahí.
Que hasta aquí no has llegado.
Es difícil esperar lo que has ganado.
No tener lo que has soñado.

La vida se sigue moviendo.
Y yo sigo aquí enterrado.
Te has acercado tanto.
Pero no lo necesario.

Puedo amarte por mil años mas.
Solo quiero estar en tus brazos.
Saber que al final llegaste.
Sin importar lo que haya pasado.

Se que las cosas toman tiempo.
No te preocupes, lo puedo entender.
Mi amor esta todo alrededor de ti.
Cuando la necesidad de mi puedas tener.

El amor siempre encuentra la manera.
Sobrevive a cualquier sufrir.
Ojalá que tu seas lo que siento.
La princesa que supe elegir.

Mmmm... Princesa mía.
Ojalá llegues pronto.
Vivir el tiempo de amarte.
Y por fin decidas quedarte.

With you

My
future is full of opportu-
nities. **As** the navigator discov-
ers and shouts..

"land Ho!"

You are an exceptional and incomparable
woman. **A true** miracle that suddenly appears.
Contigo mi futuro está lleno de oportunidades.
Como el navegante descubre y grita **"¡Tierra
a la vista!" Eres** una mujer excepcional e
incomparable. **Un verdadero** milagro
que de repente aparece.

CRAZY

 whole day that I know became eternal.
Painful hours without being by your side.
Look at me, I'm crazy about your absence!
Crazy at every instant, for the anguish.

Yesterday, you didn't say either, I miss you.
While I have always evoked you.
Yesterday, you did not remember that you remember me.
That is why I became a crazy hallucinatory.

Many hours that you did not think of me.
When you used to think all the time.
These are the times of oblivion.
As the beginning of the cruelest punishment.

Yesterday, I explored the depths of my soul.
There I discovered a powerful feeling.
The desire to be with you forever.
Without being alone, the apex of a moment.

I no longer want a yesterday synonymous of martyrdom.
And if there is, it may be, living it together.
May my madness be enjoying your kisses.
But never for not existing in your mind.

I don't want to be missed by your mind, not even a second.
Because a second is the eternity of hell.
Let me in you, as you live in my veins.
I just want to be, the most important in your life.

Look at my eyes, and you will know that you are my everything.
Gone like crazy, when I'm not by your side.
Reaching a point that without you nothing exists.
At a sign of yesterday, afraid of losing you.

Today, make your caresses erase what happened.
Let me love you to mitigate my craziness.
Rescue me from yesterday's pain without your body.
Today is the perfect day, of the most beautiful future.

LOCO

Un día entero que sé hizo eterno.
Lacerantes horas sin estar a tu lado.
¡Mírame, que estoy loco por tu ausencia!
Fiambre en cada instante, por la angustia.

Ayer tampoco dijiste un te extraño.
Mientras yo siempre te he evocado.
Ayer, no recordaste que me recuerdas.
Por ello me convertí, en un loco alucinante.

Muchas horas que no pensaste en mi.
Cuando antes pensabas todo el tiempo.
Estos son los tiempos del olvido.
Como el principio del más cruel castigo.

Ayer, exploré lo más profundo de mi alma.
Ahí descubrí un poderoso sentimiento.
El deseo de estar contigo por siempre.
Sin ser solo, el ápice de un momento.

Ya no quiero un ayer sinónimo del martirio.
Y si lo hay, parabién sea, viviéndolo juntos.
Que mi locura sea el gozar de tus besos.
Pero jamas por no existir en tus entrañas.

Quiero no faltar en ti, ni siquiera un segundo.
Que un segundo es la eternidad del infierno.
Déjame en ti como tu vives en mis venas.
Solo quiero ser, lo más importante en tu vida.

Mira a mis ojos y sabrás que eres mi todo.
Ido como un loco, cuando no estoy a tu lado.
Llegando a un punto que sin ti nada existe.
A una seña del ayer, con miedo de perderte.

Hoy, haz que tus caricias borren lo ocurrido.
Déjame amarte para mitigar mi locura.
Rescátame de la pena del ayer sin tu cuerpo.
Hoy es el día perfecto, del más bello futuro.

THE PERFECT COUPLE

Your love is the harmony of space.
The answer to the great enigma of silence.
The lively hijacking of the contemporary moment.
The life of tomorrow, which does not yet exist.

You are the withering force of feeling.
Listening to the whispers of the spirit.
The joyous captivity of a deserted heart.
The sigh, to the perfect divinity of heaven.

The world admires your outside beauty.
Not knowing that inside you are a goddess.
Fortunate the fortune to be near you.
Always savoring, your majestic effigy.

With you, I discover the world without feeling fear.
Feeling by your side, that everything is real and true.
Discovering in you, the accomplice of the eternal.
The perfect couple, from the most passionate duo.

Forever be the universe of my dreams.
The incentive to overcome all times.
Be, the architect who takes us to build a nest.
Where I never died, the murmur of the rain.

I want to be the exceptional tile of your future.
Like the soul offering that identifies us.
So not to lose the gift of being the happy gesture.
Nor stop the flight for being the radiant couple.

I just want from you the destiny that approaches.
The lucky passion to feel your caresses.
Let me be the abode of all your pleasures.
The shelter of each of your smiles.

You, my sidekick of sunsets and sunrises.
Of loving that now everything means.
I'm dying again to savor your honeys.
To tell you in the end, that you are the perfect couple.

LA PAREJA PERFECTA

Tu amor es la sintonía del espacio.
La respuesta al gran enigma del silencio.
El vivo secuestro del coetáneo instante.
La vida del mañana, que aun no existe.

Eres la fuerza fulminante del sentimiento.
El escuchar de los susurros del espíritu.
El jubiloso cautivar de un corazón desierto.
El suspiro, a la perfecta divinidad del cielo.

El mundo admira de afuera tu hermosura.
Sin saber que por dentro eres una diosa.
Afortunada la fortuna de estar cerca de ti.
Saboreando siempre, tu efigie majestuosa.

Contigo, descubro el mundo sin sentir miedo.
Palpando a tu lado, que todo es real y cierto.
Descubriendo en ti, la complice de lo eterno.
La pareja perfecta, del mas apasionado dúo.

Por siempre se el universo de mis sueños.
El aliciente para vencer todos los tiempos.
Se, el alarife que nos lleve a construir un nido.
Donde nunca agonice, el murmuro de la lluvia.

Quiero ser el tejar excepcional de tu futuro.
Como la ofrenda del alma que nos identifica.
Para no perder el don de ser el feliz gesto.
Ni parar el vuelo por ser la radiante dupla.

Solo quiero de ti el destino que se acerca.
La pasión afortunada de sentir tus caricias.
Déjame ser la morada de todos tus placeres.
El albergue de cada una de tus sonrisas.

Tu, mi compinche de ocasos y amaneceres.
Del amar que ahora todo significa.
Ya muero de nuevo por saborear tus mieles.
Por decirte al final, que eres la pareja perfecta.

SYMPHONY OF LOVE

I finally saw you and the wait was over.
I was able to look at that long-awaited shadow.
So many years had been fulfilled.
So long living desperate.

I finally saw what was previously imagined.
Expired the agony of eternal minutes.
I saw you on a hasty walk.
And in the epilogue, you reached my arms.

I feel weird, I feel complete.
This is the time of my feelings.
It is the culmination that has come for me.
The fast start to an encounter.

I want to be alone and enjoy this moment.
This is a true symphony of love.
From my pen to the heart is a party.
It is the piercing emotion of enthusiasm.

Today I believe, when before everything was uncertain.
You spoke to my soul and suspicion was ended.
I heard the same ring of our lingo.
The language that gives rise to our adventure.

Please bring a lie detector.
I want to corroborate that this is true.
So much color in so little existence.
Millions of dreams that now begin.

Let me keep the treasure of your life.
Let me be here with you, be by your side.
I need the flare that has illuminated me.
This universe that I had always waited for.

Oh future of mine, I love everything about you.
Today everything is close, nothing is far.
Today that we meet, everything changes.
Starting today everything starts with your kisses.

SINFONIA DE AMOR

Al fin te vi y la espera había terminado.
Al fin pude otear a esa ansiada sombra.
Tantos años se habían cumplido.
Tanto tiempo viviendo desesperado.

Por fin vi lo que antes imaginaba.
Caducó la agonía de minutos eternos.
Te ví en un caminar apresurada.
Y en el epílogo a mis brazos llegaste.

Me siento raro, me siento completo.
Este es el tiempo de mis sentimientos.
Es el colofón que ha llegado para mi.
El principio presuroso a un encuentro.

Quiero estar solo y disfrutar este momento.
Esta es una auténtica sinfonía de amor.
Desde mi pluma a el corazón es una fiesta.
Es la penetrante emoción del entusiasmo.

Hoy creo, cuando antes todo era incierto.
Hablaste a mi alma y termino la sospecha.
Escuche el mismo timbre de nuestra jerga.
El idioma de donde nace nuestra aventura.

Por favor traigan un detector de mentiras.
Quiero corroborar que esto es verídico.
Tanto colorido en tan poca existencia.
Millones de sueños que ahora empiezan.

Déjame quedarme con el tesoro de tu vida.
Déjame estar aquí contigo, estar a tu lado.
Necesito la bengala que me ha alumbrado.
Este universo que siempre había esperado.

Oh futuro mío, me encanta todo de ti.
Hoy todo está cerca, ya nada está lejos.
Hoy que nos conocemos todo cambia.
A partir de hoy todo inicia con tus besos.

SO CLOSE AND YET SO FAR

We have been so close.
And now we are so far away.
But you're still here inside me
From there you do not leave.

In me, the time is still ours.
I could not forget you.
I want to travel to tomorrow.
To see if there we'll be together.

I keep listening to my heart.
That it no longer has space.
It has never stopped thinking.
It has never been able to live more.

I still feel you close to me.
You live here where you are not.
I continue with the taste of your lips.
As if I could still kiss them.

How to calm what I feel?
If there is no end in me.
If you are an eternal love.
Where not even simple things go.

Nothing has been able to change.
It is the same what I love you.
I can't imagine going on alone.
Nor be with a bitter heart.

I have to get my smile back.
Know if this is the end of the day.
Or the end of time.
Know that distance hurts you.
Know that you need my presence.

I want to know if you need me.
Know that without me, you suffer.
Run to kiss you and bring me the pain.
Know if our love is just beginning.

17

TAN CERCA Y TAN LEJOS

Hemos estado tan cerca.
Y ahora estamos tan lejos.
Pero sigues aquí dentro de mi.
De ahí no has podido marcharte.

En mi, el tiempo sigue siendo nuestro.
No he podido olvidarte.
Me desespera viajar al mañana.
Para ver si ahí estaremos juntos.

Sigo escuchando a mi corazón.
Que ya no tiene espacio.
Jamas ha dejado de pensar.
Jamas ha podido vivir mas.

Aún te siento cerca de mi.
Vives aquí en donde no estas.
Sigo con el sabor de tus labios.
Como si aún los pudiera besar.

¿Cómo calmar lo que siento?
Si en mí no existe un final.
Si eres un amor eterno.
De donde ni las cosas simples se van.

Nada ha podido cambiar.
Es lo mismo lo que te amo.
No puedo imaginar seguir solo.
Ni estar con un corazón amargo.

Tengo que recuperar mi sonrisa.
Saber si este es el final del día.
O el final del tiempo.
Saber que te hace mal la distancia.
Saber que te hace falta mi presencia.

Quiero saber si tu me necesitas.
Saber que sin mi, sufres.
Correr a besarte y traerme el dolor.
Saber si nuestro amor apenas empieza.

PRODIGIOUS LOVE

You are the magic love from a smile.
Owner of the natural beauty of fascination.
Surrounded by the manifest spell of the gaze.
Caring female that drives me crazy and hallucinate.

I long to love you in the days and in the nights.
Quench the craving to taste your greedy lips.
Start at dusk continue at dawn.
Immersed in the ether of the symphony of your charm.

Living in you, the feeling of a prodigious love.
Dogma of truth, of right and perfect.
You, my luminous star, my sun, and my moon.
Top of the soul, from where the universe turns.

Sensitive stem of goodness and excellence.
Erudite of every question and every answer.
Light that illuminates, shade that protects.
Figure of my body that always comforts.

I want to treasure the riches of your love.
Reward of defeat and winning.
Of dreaming and conquering.
Glorious have I been to gallant your existence.
Generous woman of a wonderful life.

You have mercilessly driven my soul in love.
Great torrent of my strength hidden nothing.
Waterfall of truth, transparent and clear.
Descendant of respect and divine creation.

I still don't know where you came from, beauty of time.
Source of inspiration, letters and a thousand poems.
You have filled the present and the future in my spirit.
The secret of the happiness of dreams in history.

Sunny and rainy days flow from you.
Stimulus of words that fill virtues.
Passion of loneliness that magnifies my pride.
Diaphanous expression of modesty and prayer of decorum.

You are the tabernacle of my belief and my trust.
Example of the prayer of my faith and my hope.
Love of my life, mistress of my being and my essence.
You are natural, unique, special, different.
Forever, you are my prodigious love.

PRODIGIOSO AMOR

Eres el amor mágico oriundo de una sonrisa.
Dueña de la belleza nata de la fascinación.
Rodeada del hechizo manifiesto de la mirada.
Tierna fémina que enloqueces y alucinas.

Ansío amarte en los días y en las noches.
Saciar el antojo de catar tus ávidos labios.
Iniciar al obscurecer continuar al amanecer.
Inmerso en el éter de la sinfonía de tu encanto.

Vivir en ti el sentimiento de un prodigioso amor.
Dogma de la verdad, de lo correcto y lo perfecto.
Tú, mi estrella luminosa, mi sol, y mi luna.
Peonza del alma, de donde universo gira.

Tronco sensible de la bondad y la excelencia.
Erudita de toda pregunta y de toda respuesta.
Cual luz que ilumina, cual sombra que protege.
Figura de mi cuerpo que siempre conforta.

Quiero atesorar las riquezas de tu amor.
Recompensa del vencer y del ganar.
Del soñar y del conquistar.
Glorioso he sido por galantear tu existencia.
Generosa mujer de una vida maravillosa.

Sin piedad has enloquecido mi alma enamorada.
Gran torrente de mi fuerza que nada ocultas.
Cascada de la verdad, transparente y clara.
Descendiente del respeto y de la creación divina.

Aun no sé de donde has salido, beldad del tiempo.
Fuente de inspiración, de letras y de mil poemas.
Has vaciado el presente y el futuro en mi espíritu.
El secreto de la dicha de los sueños de la historia.

De ti manan los días soleados y lluviosos.
El numen de las palabras que llenan opúsculos.
Pasión de la soledad que engrandece mi orgullo.
Diáfana expresión del pudor y oración del decoro.

Eres el tabernáculo de mi creer y de mi confianza.
Ejemplo de la plegaria de mi fe y de mi esperanza.
Ama de mi vida, dueña de mi ser y de mi esencia.
Tu eres natural, única, especial, peculiar, diferente.
Por siempre tu eres, mi prodigioso amor.

PRAYER

I have contemplated what even my eyes cannot see.
Today, the calmness says it all, words are unnecessary.
Your love has transformed my universe in such a short time.
Today, a prayer is born, so that everything keeps changing.

Your love has vanished fears and cleared uncertainties.
Something special, which only comes from a spirit in love.
In you I have found someone to love and with whom I must die.
There is no longer imagining a life without you by my side.

It never exists anymore, because your love has excluded it.
The forever has arrived, which has quickly germinated.
You have made history sprout on the empty walls.
Where the art of your smile, has painted beautiful murals.

184

Your love is worth any holocaust.
You are the light that has extinguished my darkness.
You are the prayer that kneels me and lifts me up.
The one that has awakened in me, the inspiration of poems.
Without letters or words, but dialogues of the soul.

Today everything is behind us.
This is the beginning of a time that creates memories.
I can taste the bonanza, in the feeling of your caresses.
I was wrong to love an orb that was otherwise.
Now I see clearly and if I love you, it is because of who you are.

Years went by with thousands of dates on the calendar.
Many events, but nothing worthy to have kept.
Today, I would never change the moments I have spent with you.
It is amazing that in a short time, I have treasured so much.

Because I fall in love again, every time we talk.
You make me feel better, even if the day is a mess.
Just listen to your voice to revive my heart.
Happy, on the glorious edge, of a passionate nirvana.

Now that your love has brought me to this heavenly paradise.
Offering to this prayer, a full life venerating you.
Do not forget that I am a romantic, beggar of your love.
Willing to travel in the eternal conquest of your charm.
As far as you want to take me, even to the same space.

PLEGARIA

He podido contemplar lo que aun mis ojos no pueden ver.
Hoy, el sosiego dice todo, las palabras salen sobrando.
Tu amor ha transformado mi universo en tan poco tiempo.
Hoy, nace una plegaria, para que todo sigas cambiando.

Tu amor ha desvanecido temores y aclarado incertidumbres.
Algo especial, que solo procede de un espíritu enamorado.
En ti he encontrado a quien amar y con quien he de morir.
Que ya no cabe el imaginar de una vida sin ti a mi lado.

El nunca ya no existe, por que tu amor lo ha excluido.
Ha llegado el por siempre, que deprisa ha germinado.
Has hecho brotar la historia en las vacías paredes.
Donde el arte de tu sonrisa, ha pintado bellos murales.

Tu amor vale la pena cualquier holocausto.
Eres la que me ilumina, la que ha apagado mis tinieblas.
Tu eres la plegaria que me arrodilla y que me levanta.
La que ha despertado en mi la inspiración de poemas.
Sin letras ni palabras, sino diálogos del alma.

Hoy todo ha quedado atrás.
Este es el principio de un tiempo que procrea memorias.
Puedo saborear la bonanza, en el sentir de tus caricias.
Estuve errado por amar un orbe que era de otra manera.
Ahora veo claro y si tanto te amo, es por ser quien eres.

Tantos años pasaron con miles de fechas en el calendario.
Muchos sucesos, pero nada digno para haber guardado.
Hoy, jamas cambiaría los momentos que contigo he pasado.
Es asombroso que en tan poco tiempo, tanto he atesorado.

Es que me enamoras más, cada vez que hablamos.
Me haces sentir mejor, aunque el día sea un embrollo.
Basta con escuchar tu voz para que mi corazón reviva.
Feliz, en el confín glorioso, de una apasionada nirvana.

Ahora que tu cariño me ha traído a este paraíso celestial.
Ofrendo a esta plegaria, una vida plena venerándote.
No olvides que soy un romántico, limosnero de tu amor.
Dispuesto a viajar en la conquista eterna de tu encanto.
Hasta donde tú quieras llevarme, aun al mismo espacio.

i want

...the long days to end.
and if they are, may you be by my side.
i no longer want the days to be short.
and if they are, let them be because
i am loving you.

Quiero que se acaben los dias largos
y si lo son, que estes tu a mi lado
ya no quiero que los dias sean cortos
y si lo son que sean porque te estoy amando.

because i am loving you!

OUR
TIME

 You are the perfect place for my heart.
The existence and my full time.
I want to stay here for eternity.
In the Apollonian enclosure that behoove my inside.

You treasure the longing for an existence.
Everything in me is in you.
Because I learned to wait for time.
To hear the murmur of the recondite.

I feel the spirit of living tomorrow.
Obvious manifesto that I will be by your side.
Because I have visualized myself living next to you.
Drying my skin with the same towel,
that your body has dried up.

Beautiful plethora that has come with your love.
But more beautiful, everything that comes with it.
I feel attracted by the richness of your soul.
Comfortable because my life looks good on it.

This is just our time.
The opportunity of yesterday after making a wish.
With a resounding implore to be always together.
As today is the clamor to continue loving us.

We come to the time that now begins.
Here comes the invocation of our wonderful date.
The majestic hatching of the most beautiful muse.
Endless source of the greatest stanza.

Here the wonder of the earth and the sky meet.
As unknown of any journey.
Deponents of the smallest and the highest realm.
As well as glorious perennials in our lives.

Our time is the art of infinite light.
It is the immortal sigh of an ethereal spirit.
Our time is the roots of the fertile jungle.
The buoyant oasis in the middle of the moor.

91

NUESTRO TIEMPO

res el lugar perfecto para mi corazón.
La existencia y mi tiempo completo.
Aquí quiero permanecer por la eternidad.
En el apuesto recinto que incumbe mis entrañas.

Atesoras el anhelo de una existencia.
Todo en mi, está en ti.
Porque aprendí a esperar por el tiempo.
A escuchar el murmullo de lo recóndito.

Palpo el ánimo de vivir el mañana.
Evidente manifiesto que estaré a tu lado.
Porque me he visualizado viviendo junto a ti.
Secando mi piel con la misma toalla,
que tu cuerpo ha secado.

Hermosa plétora que ha llegado con tu amor.
Pero más bello todo lo que acompaña.
Me siento atraído por la riqueza de tu alma.
A gusto y cómodo pues mi vida luce bien en ella.

Este es solo el tiempo nuestro.
La oportunidad del ayer luego de pedir un deseo.
Implorado con fragor de estar siempre a tu lado.
Como hoy es el clamor de seguirnos amando.

Llegamos a la hégira que ahora empieza.
Aquí nace la invocación de nuestra cita.
La eclosión majestuosa de la más bella musa.
Fuente interminable de la más grande estrofa.

Aquí se junta el prodigio de la tierra y del cielo.
Como menganos de cualquier travesía.
Deponentes del ínfimo y del súmmum ámbito.
Así como gloriosos perennes de nuestras vidas.

Nuestro tiempo es el arte de la luz infinita.
Es el inmortal suspiro de un espíritu etéreo.
Nuestro tiempo son las raíces de la fértil selva.
El boyante oasis a la mitad del páramo.

OLD
LETTERS

 have written a thousand poems.
But you haven't been there.
Your absence has helped me.
Loneliness has inspired me.

Nothing has been for you anymore.
Today the past is a distant past.
Even if you are the reason to write.
They are just old letters.

I understand being nothing without you.
Lonely time of sacred memories.
Going far but returned.
To an end that will be archived.

Here a long smile dies.
Seeing you in my heart is lost.
This is the recital of an existence.
They are old letters on a parchment.

So I lived in the sigh of ashes.
In a corner recast in hell.
Attentive to the echo of memories.
Like a nest clinging to its oak.

Only traces of the road remain.
Mysterious shadows of selfishness.
Pages from yesterday that should not be re-read.
Manuscripts of a utopian destiny.

But I already returned from where it had come from.
From the place where I challenged a future.
Today is the novelty of the great rhapsody.
The Apollonian Dialogue of the Soul.

But at the end of your love.
It is not the culmination of a poem.
But the epilogue of the taste of your lips.
It is the threshold of a beginning of a pen.

CARTAS ANTIGUAS

He escrito mil poemas.
Pero no has estado ahí.
Tu ausencia me ha ayudado.
La soledad me ha inspirado.

Ya nada ha sido para ti.
Hoy el pasado es un vetusto lejano.
Aunque tú seas la razón de escribir.
Son solo letras antiguas.

Entiendo ser nada sin ti.
Solitario tiempo de sagrados recuerdos.
Llegando lejos pero regresado.
A un final que quedará archivado.

Aquí una larga sonrisa fallece.
El verte en mi corazón se ha perdido.
Este es el recital de una existencia.
Son letras antiguas de un pergamino.

Así viví en el suspiro de las cenizas.
En un rincón refundido en el infierno.
Atento al eco de las memorias.
Como nido aferrado a su roble.

Solo quedan traces del camino.
Sombras misteriosas del egoísmo.
Hojas del ayer que no se deben releer.
Manuscritos de un utópico destino.

Pero ya retorné de donde había salido.
Del lugar de donde desafié un futuro.
Hoy es la primicia de la gran rapsodia.
El apolíneo dialogo del alma.

Pero al final de tu amor.
No es el colofón de un poema.
Si no el epílogo del sabor de tus labios.
Es el umbral de una pluma principia.

YOUR YES AND YOUR NO

Don't say you love me anymore and walk away.
Much more harm you do to me.
Don't ask me to hug you anymore.
And then you just disappear.

I try, but I can't stop loving you.
Although I know that now you are distant.
My feeling for you is the same.
Whereas for you, now it is different.

I think nothing has been missing.
On the contrary I see that everything has too much.
It has been enough to keep walking.
But your confusions have reached you.
And even if you love me, you prefer to leave everything.

Who are you, the one I call princess?
You, whom I do not know now.
I do not understand your feelings.
You say you love me, but it's all over.

You don't care about our journey.
Look back, and see how far we have come today.
You forgot about the future we have planned.
You prefer to turn around and look the other way.
Or maybe, go back to your past.

You have been like the lighting of candles.
Always moving its flame.
With its light produce vague shadows.
When they go out, even darker it left.

At the end all roads end.
And what is not felt is only fictitious.
Just as so many things come to feel.
Love is just a feeling.

Saying "yes" is not a commitment but a privilege.
Saying "no" is not a whim but a foundation.
Fear not my lovely princess.
Although in you, I don't know which is yes and which is no.
In the end I know that time is only time.

TU SI
Y TU NO

Ya no digas que me quieres y te alejes.
Que mucho más daño me haces.
Ya no pidas que te abrase.
Y luego, simplemente desapareces.

Procuro, pero no puedo dejar de amarte.
Aunque sepa que ahora estas distante.
Mi sentimiento por ti, es el mismo.
Mientras que para ti, ahora sea diferente.

Creo que nada ha faltado.
Al contrario veo que todo ha sobrado.
Ha sido lo suficiente para seguir caminando.
Pero tus confusiones te han alcanzado.
Y aunque me quieras, prefieres todo dejarlo.

¿Quién eres tu a la que llamo princesa?
A la que ahora desconozco.
De la que no entiendo sus sentimientos.
Dices que me amas, pero todo ha terminado.

No te ha importado nuestro recorrido.
Ver el ayer y hasta donde hoy hemos llegado.
Te olvidaste del futuro que hemos planeado.
Prefieres voltear y mirar hacia otro lado.
O quizás, regresar a tu pasado.

Has sido como el alumbrar de las velas.
Siempre la flama mueve.
Con su luz producen vagas sombras.
Cuando se apagan más obscuro queda.

Al final todos los caminos acaban.
Y lo que no se siente solo es ficticio.
Así como tantas cosas se llegan a sentir.
El amor es solo un sentimiento.

Decir "si" no es un compromiso sino un privilegio.
Decir "no", no es un capricho sino un fundamento.
No temas mi adorable princesa.
Aunque en ti, no se cual es si y cual es no.
Al final se que el tiempo solo es el tiempo.

YOU ARE
THE REASON

 ou are always on my mind.
Your name has polluted my air.
Your smile has infected my living.
Your voice has scandalized my soul.

I want to have all the time.
To tell you how I feel.
Having you here by my side.
To express what I think.

My mind always thinks of you.
And I can't help it.
My life is no longer the same.
You have come to change it.

I can see your shadow in the dark.
I can feel you in the storm.
I can hear you screaming.
I can see in the hazy your brightness.

I'm finally free.
The heart has found you.
I have been tied to loneliness.
Which has finally left me.

You are the reason why I breathe.
You are the reason why I live.
You are the reason for the future to have.
You are my daily dawn.

From the second you wrote to me.
I knew you were the woman of my mind.
Then stop my search.
I finally found it.

Today I love you without knowing you.
And I hope nothing, when I see you.
You are what I want.
Without anything being different.

Stay with me forever.
Nothing takes you from my mind.
You owe me the time to love you.
That with honor I must pay you.

Eager to have you by my side.
Forever with me take you.
Explore the universe.
Of this immense love.

TU ERES LA RAZON

Estas siempre en mi mente.
Tu nombre ha contaminado mi aire.
Tu sonrisa ha contagiado mi vivir.
Tu voz ha escandalizado mi alma.

Quiero tener todo el tiempo.
Para decirte lo que siento.
Tenerte aquí a mi lado.
Para expresarte lo que pienso.

Mi mente en ti siempre piensa.
Y no lo puedo evitar.
Mi vida ya no es la misma.
La has llegado a cambiar.

Puedo ver tu sombra en la obscuridad.
Puedo sentirte en la tempestad.
Puedo escucharte en el griterío.
Puedo ver en lo nebuloso tu brillo.

Finalmente soy libre.
El corazón te ha encontrado.
He estado atado a la soledad.
Que finalmente me ha dejado.

Tu eres la razón por la cual respiro.
Eres la razón por la cual vivo.
Eres la razón por el futuro tener.
Eres mi diario amanecer.

Desde el segundo que me escribiste.
Supe que eras la mujer de mi mente.
Pare entonces mi búsqueda.
Por fin pude encontrare.

Hoy te amo sin conocerte.
Y nada espero al verte.
Eres así lo que quiero.
Sin que nada sea diferente.

Quédate conmigo por siempre.
Que nada te aparta de mi mente.
Me debes el tiempo de amarte.
Que con honor debo pagarte.

Ansioso de a mi lado tenerte.
Para siempre conmigo llevarte.
Recorrer el universo.
De este amor inmenso.

TRUTH
THAT LIES

 understand that the days are already gone.
The immense oceans have drifted apart.
The shadow of not belonging appears.
Today there are only strange memories.

It's all over, and you're already gone.
The concealment sprouts, muffled in silence.
Truth that lies, to leave your soul.
No matter what the heart feels.

I don't understand why you still say you love me.
And be the one that exclaims words of oblivion.
The one who doesn't feel the need to see me.
Where there are no promises.

I do not understand that you cannot continue by my side.
That you live in fear of making change.
It is part of being in love.
Never fear of an unpleasant failure.

I don't know if you're weak or divine.
I can no longer trust your words.
Now you just have to conquer your fears.
Let go of all concerns.

Nothing is beautiful when it is unfinished.
It's just a fancy dress of misfortune.
Forever you will ignore the end of the road.
Regardless, how far you've gone.

Now, I know we won't be together anymore.
Beloved woman, in search of the uncertain.
In you there is love, even if you deny feeling it.
But your love is very different.

This is the time to go back home.
With a hope full of enthusiasm.
Without the heart look more understanding.
Nor live more, in a truth that lies.

VERDAD
QUE MIENTE

Entiendo que los días ya se hayan ido.
Los inmensos océanos se han apartado.
La sombra del no pertenecer aparece.
Hoy solo quedan extraños recuerdos.

Todo termino, y tú, ya te has retirado.
Brota el disimulo, embozado en silencio.
Verdad que miente, para salir de tu alma.
Sin importar lo que el corazón sienta.

No entiendo que aún digas que me amas.
Y seas la que exclama palabras de olvido.
La que no siente la necesidad de verme.
En donde no se albergan promesas.

No entiendo que no puedes seguir a mi lado.
Que vivas temores de alcanzar un cambio.
Es parte de estar enamorado.
Jamas miedo a un desagradable fracaso.

No se, si eres débil o divina.
Que ya no puedo fiarme de tus palabras.
Ahora solo debes conquistar tus miedos.
Desprenderte de todas las inquietudes.

Nada es hermoso cuando es inconcluso.
Es solo disfraz de un descalabro.
Por siempre desconocerás el final del camino.
Sin importar, hasta donde habrás llegado.

Se que ahora ya no estaremos juntos.
Mujer bien amada, en busca de lo incierto.
En ti existe el amor aunque niegues sentirlo.
Pero tu amar es de manera distinta.

Este es el tiempo de regresar a casa.
Con una esperanza llena de entusiasmo.
Sin que el corazón busque más entender.
Ni vivir mas, en una verdad que miente.

ONLY
WITH YOU

Since the first time I saw you.
I knew I want to always be with you.
Loving you without stopping every second of my life.
And do so many things, but only with you.

Caress your skin and feel your soft hands.
See your eyes and feel your gaze.
Savor your kisses and bite your lips.
Lose myself in your sweet arms

Travel with you and be my guide.
Eat together, to eat what you eat.
Put your desk looking at mine.
Work and conquer the world with you.

Always contemplate and enjoy your beauty.
Admire your judgment, reason and intellect.
Reflection, talent and tact ..
Then write inspired, with you.

Discuss and fight softly with you.
Comfort you and tell you that I love you.
Smile, laugh, and also cry.
That even crying will be beautiful if I'm with you.

Touch your soft face.
Listen to your voice, breathe your breath.
Be anywhere.
But always be with you.

You are so indispensable to me.
That having your love is what I ask for.
I just want to do everything...
But do it... With you.

Walk and grow old with you.
And in the earthly end die ...
But die with you.
Find you again in glory.
To start...
Start over with you.

SOLO CONTIGO

Desde la primera vez que te vi.
Supe que quiero estar siempre contigo.
Amarte sin parar cada segundo de mi vida.
Y hacer tantas cosas, pero solo contigo.

Acariciar tu piel y sentir tus suaves manos.
Ver a tus ojos y sentir tu mirada.
Saborear tus besos y morder tus labios.
Perderme en tus dulces brazos.

Viajar contigo y que seas mi guía.
Comer juntos para comer de lo tuyo.
Poner tu escritorio viendo al mío.
Trabajar y conquistar el mundo contigo.

....

Contemplarte siempre y gozar tu belleza.
Admirar tu juicio, razón e intelecto.
Reflexión, talento y tacto...
Entonces escribir inspirado, contigo.

Discutir y pelear tiernamente contigo.
Confortarte y decirte que te amo.
Sonreír, carcajear y también llorar.
Que aun el llorar será hermoso si estoy contigo.

Tocar tu suave rostro.
Escuchar tu voz, respirar tu aliento.
Estar en cualquier lugar.
Pero estar siempre... Contigo.

Eres tan indispensable para mi.
Que tener tu amor es lo que pido.
Solo quiero hacer todo...
Pero hacerlo... Contigo.

Caminar y envejecer contigo.
Y en el final terrenal morir...
Pero morir contigo.
Encontrarte nuevamente en la gloria.
Para empezar...
Empezar nuevamente contigo.

Until we are together
I will caress the memories
that we have lived.
I will dream of tomorrow together,
covered in soft velvets.

Mientras no estemos juntos
acariciaré los recuerdos que vivimos.
Soñaré en el mañana juntos,
cubiertos de suaves terciopelos.

FANTASIES

Why not believe in the love of a different man?
When I am for you, day by day, present.
It is impossible to understand you saying, I do not exist.
When there is in you, daily beauty and real smiles.

Why do you not believe me if you say you love me?
Why have you not seen the truth through my eyes?
Although the temple of my soul is full of dreams
It is for you that I have them, for how much I love you.

Why do you say to feel and do not to feel my words?
You judge me for being the heart that dreams a thousand things.
In the end, desires are the intensity of so much illusion.
What my imagination sees, for the sole reason of loving you.

Why refuse the opportunity to dream?
Why don't you see that I am sculpted with great longings?
They live happily within me, that nothing can distract them.
Attached to my body, so I can never tear them off.

How to see a future, if dreams do not exist?
Although for you, they are only simple deliriums.
They make me different, strong and powerful.
And they have brought me out of the tunnel, so I can meet you.

Perhaps... Can written words be denied?
It would be like you deny the feeling of my kisses.
There is no doubting in the lyrics written to love.
Because they are the same that we have done together.

Why wait for the truth to slip away to believe in it?
How to forget the caresses when they were true?
Do not fear, I'm just a road full of faith and hope.
Lined in armor of misunderstood dreams.
Those that I wouldn't change, because they would remain faithful.

My fantasy is the inspiration, freedom and confidence.
Also the pen of the imagination that traces my fortune.
So ... Why not listen to the voice of a thousand poems?
That even full of fantasies, all of them say I love you.

FANTASIAS

¿**P**or qué no creer en el amor de un hombre diferente?
Cuando estoy para ti día a día aquí presente.
Es imposible entender que digas que no existo.
Cuando hay en ti diarias bellas y reales sonrisas.

¿Por qué no creer en mi si dices que me amas?
¿Qué no has visto la verdad a travez de mis ojos?
Aunque el templo de mi alma este lleno de sueños.
Son por ti que los tengo, por todo lo que te amo.

¿Por qué dices sentir y no sientes tantas palabras?
Me juzgas por ser el corazón que sueña mil cosas.
Al final los deseos son la intensidad de tanta ilusión.
Lo que ve mi imaginación por la única razón de amarte.

¿Por qué negarse a la oportunidad de soñar?
¿Que no ves que estoy hecho de grandes anhelos?
Viven felices dentro de mi que nada puede distraerlos.
Adheridos a mi cuerpo para nunca poder arrancarlos.

¿Cómo ver a un futuro sino existen los sueños?
Aunque para ti solo sean simples y falsos delirios.
A mi me hacen ser diferente, poderoso y fuerte.
Y me han sacado del túnel para poder conocerte.

¿Acaso se pueden negar las palabras escritas?
Sería como si negaras el sentir de mis besos.
No se puede dudar de las letras escritas al amor.
Porque son las mismas que juntos hemos hecho.

¿Por qué esperar que la verdad se esfume para creer en ella?
¿Cómo olvidarse de las caricias cuando fueron ciertas?
No temas que solo soy un camino lleno de fe y esperanza.
Forrado de una armadura de incomprendidos sueños.
A los que no cambiaría, porque ellos, me seguirían fieles.

Mi fantasía es la inspiración, la libertad y la confianza.
También la pluma de la imaginación que trazan mi suerte.
Entonces... ¿Por qué no escuchar la voz de mil poemas?
Que aun colmados de sueños, dicen que te aman.

CONTRARY
TO LOGIC

It is not easy to be without you
After your lips I have tasted.
It is a torment waiting for you.
Even when time is waiting for us.

Nothing can get you off my mind.
Distances are useless.
I just close my eyes and I'm with you.
I feel the feeling and I'm kissing you.

It comforts me to know that I have you.
The knowledge of waiting makes me uncomfortable.
I wish it is dark and dawn.
The days go by and you're in my arms.

You have already taken everything from my life.
The fear of losing you has disappeared.
You can no longer escape me.
After yesterday, the story is past.

You are the biggest part of me.
Because in this world nothing else exists.
It's just you and me, forever loving you.
Love you, respect you, and never leave you.

Ours is a love contrary to logic.
As big as a love without measure.
Even if I would have to search a million times.
I would not think about it and look for you again.

Here we carry our love.
Then happiness is in our hands.
It is a beautiful reality that has been accomplished.
We've always been wanting.

But I can't deal with this anymore.
I am desperate for everything I feel.
Why wait if I don't want to keep waiting?
Why not be happy if we can do it?

CONTRARIO A LA LOGICA

o es fácil estar sin ti a mi lado.
Después de que tus labios he saboreado.
Es un verdadero tormento esperar por ti.
Aun cuando el tiempo nos este esperando.

Nada puede apartarte de mi mente.
Las distancias salen sobrando.
Solo cierro mis ojos y estoy contigo.
Siento sentir y te estoy besando.

Me conforta el saber que te tengo.
Me incomoda el saber de la espera.
Deseo que anochezca y ya amanezca.
Pasen los días y estés en mis brazos.

Ya has tomado todo de mi propia vida.
El miedo a perderte ha desaparecido.
Ya no podrás escaparte de mi.
Después de ayer, la historia es pasado.

Eres la más grande parte de mi.
Porque en este mundo nada mas existe.
Solo eres tú y yo, para siempre amarte.
Quererte, respetarte, y nunca dejarte.

Lo nuestro es un amor contrario a la lógica.
Tan grande como un amor sin mesura.
Aun si tendría que buscar un millón de veces.
No lo pensaría y buscara por ti nuevamente.

Si el amor aquí lo llevamos.
Entonces la felicidad está en nuestras manos.
Es una bella realidad que se ha consumado.
Que siempre habíamos estado deseando.

Pero ya no puedo lidiar más con esto.
Estoy desesperado por todo lo que siento.
¿Por qué esperar si no quiero seguir esperando?
¿Por qué no ser felices, si podemos serlo?

TORTURING LOVE

Like suffering.
This love for you is a torture.
It hurts and it's a lament.
Today, love for you is torment.

Why do you suffer for loving me?
You are bleeding inside.
Your life has now changed.
When you didn't want me to change.

I thought I would never write this.
But in me, nothing has been planned.
Everything has been the art of time.
Something that could never be faked.

But sometimes the pain is good.
It tells you that you are in love.
Blessed are the sobs.
Because it tells you so many things.

It is not easy when you are afraid.
Still, it is good to feel nostalgia.
That's the greatest pain.
It comes, passes and then, it goes away.

Tears cleanse your soul.
Erased doubts that come.
Every time one sprouts.
A new hope is born in you.

So I say, don't force yourself.
We are in this together.
As one we are going to get through this.
Loving us, in one piece.

Just stay with me.
Do not go, do not give up.
Only love me to the limits.
So that the pain disappears.

AMOR QUE TORTURA

Como si fuera sufrimiento.
Este amor para ti es un tortura.
Te duele, te lastima, es un lamento.
Hoy el amar para ti es tormento.

Porque sufres por amarme.
Estas sangrando por dentro.
Tu vida ahora ha cambiado.
Cuando no querías que cambiara.

Pensé que nunca escribiría esto.
Pero en mi nada ha sido planeado.
Todo ha sucedido solo con el tiempo.
Porque nunca pudo ser fingido.

Pero a veces el dolor es bueno.
Te dice que estas enamorada.
Bienaventurados sean los sollozos.
Porque te hablan tantas cosas.

No es fácil cuando se siente miedo.
Aun así es bueno sentir nostalgia.
Así es el dolor más grande.
Que llega, pasa y se ha esfumado.

Las lagrimas te limpian el alma.
Despejan dudas que aparecen.
Cada vez que brota una.
Una nueva esperanza te nace.

Entonces yo te digo, no te forces.
Que juntos estamos en esto.
Y juntos vamos a salir de esto.
Amándonos en una sola pieza.

Solo quédate conmigo.
No te vayas, no renuncies.
Solo ámame hasta los limites.
Para que el dolor desaparezca.

MEMORIES

My heart does not call, because it has remained in time.
With the beautiful memories that gave so many smiles.
Those who forever will be, although the years pass.
Which neither the growing torrential waters tear off from its side.

Together, there is nothing more to see towards the horizon.
There are only thoughts with ashes from the bonfires.
We will walk to a tomorrow to maybe do something different.
Where fortune is the price of looking at history.

The scars left behind by the struggles, will fade.
Also, glory will enjoy the great victories.
Ink of days and nights will be spilled on pink leaves.
Relieving wounded hearts, sad to love without measure.

The seas have been left apart and the rivers have no echo.
Today, nothing is clear, and only darkness makes sense.
There is the opportunity, for beautiful things to be born again.
For the high walls to guard the new meadows.

It is impossible to write memories when time does not exist.
Notice it the branches of the trees grow, creating roots.
Oddly that the water suffocates the waves flowing slowly.
May the peace of allusion coexist, in different directions.

Years in my heart, that never and nothing can erase them.
Without being together, with memories that I want to keep.
Half of my life remained there, which could never be forgotten.
Beautiful existence, although today everything is finished.

Now, I turned around without any pain or regret.
I kept the portent that was with me when I was by your side.
I stay with the wonder that was by your side with me.
Perhaps, shedding tears that fall into the emptiness.
As happiness of knowing, it flowed like divine gifts.

We have reached the end of the good and right.
I hear the silence and keep quiet, so everything is eternal.
I can not turn back, when it only remains to go ahead.
I just want to be the best known and also the best lover.
Existing in the past that no longer exists.

RECUERDOS

Mi corazón no llama, pues se ha quedado en el tiempo.
Con los bellos recuerdos que tantas sonrisas dieron.
Esos que por siempre estarán aunque pasen los años.
Que ni las torrenciales crecientes arrancan de su lado.

Juntos no hay nada mas que ver hacia el horizonte.
Solo existe el pensamiento con cenizas de las hogueras.
Caminaremos al mañana para hacer algo quizás diferente.
Donde la fortuna sea el precio de una mirada a la historia.

Desvanecerán las cicatrices que dejaron las luchas.
También se gozará la gloria de los grandes victorias.
Se derramará tinta de días y noches, en hojas rosas.
Aliviando corazones heridos que por amar quedaron tristes.

También los mares han quedado aparte, y los ríos sin eco.
Hoy, nada es claro, y solo la obscuridad tiene sentido.
Ahí está la oportunidad de que se originen cosas bellas.
De altas murallas que custodien las nuevas praderas.

Es imposible escribir memorias cuando el tiempo no existe.
Advertir las ramas de los arboles crecer, creando raíces.
Inaudito que las aguas asfixien las olas que fluyen sin prisa.
Que la paz de la alusión coexista, en diferentes directrices.

Años en mi corazón, que nunca ni nada podrá borrarlos.
Era sin estar juntos, con recuerdos que quiero guardarlos.
En ti quedó la mitad de mi vida, que jamas podré olvidarlo.
Bello existencia, aunque hoy todo se halla acabado.

Ahora, doy la media vuelta sin que exista dolor ni lamento.
Me quedo con el portento que a tu lado estuvo conmigo.
Quizás derramando lagrimas en mis ojos que caen al vacío.
Como felicidad de saber, que manaron como regalos divinos.

Hemos llegado al final de lo bueno y de lo correcto.
Solo con escuchar el silencio, callo para que todo sea eterno.
Ya no puedo voltear atrás, cuando solo queda ver al frente.
Solo quiero ser el mejor conocido y también, el mejor amante.
Existir en el pasado que ya no existe.

LOVE

ove is the truth.
There is nothing to hide it.
If it smiles, it is right.
If it cries, it is lying.

Love is the feeling.
Palatial like time.
Undeniable as air.
However, if hesitation touches you.
It is uncertain as fire.

Only the pain of love exists.
Sovereign essence, dark or light.
While fear freezes.
It will know how to build a story.

Where beautiful twilights are made.
And the bad days are beautiful.
Where the magic is not lost.
Neither the passions are stormy.

Always believe in the impossible.
Eternally trusting your eyes.
Sniffing everything feasible.
Equable of a wonderful step.

When nothing is lost.
And even losing, everything is won.
Time is short.
And eternity gives you a chance.

You only need the light of love.
That with yours, you hold it.
The dates pass, and one is approaching.
Without waiting, the soul lurks.
It comes to you, for being the correct one.

Here I have all my life.
To settle in the indissoluble.
It has filled the stanzas of the soul.
The outcome of a firm heart.

AMOR

El amor es la verdad.
No hay nada que lo esconda.
Si sonríe esta en lo cierto.
Si llora, te estas mintiendo.

El amor es el sentimiento.
Palaciego como el tiempo.
E innegable como el aire.
Empero si el vacilar te toca.
Es incierto como el fuego.

Solo el dolor del amor existe.
Soberana esencia oscura o clara.
Mientras se congele el temor.
Se sabrá construir una historia.

Donde hagas crepúsculos bellos.
Y los días malos sean hermosos.
Donde la magia no se pierda.
Ni las pasiones sean tormentosas.

Siempre creer en lo imposible.
Eternamente confiando en tus ojos.
Husmeando todo lo factible.
Ecuánime de un paso maravilloso.

Cuando no se pierde nada.
Y aun perdiendo todo se gana.
El tiempo se hace corto.
Y la eternidad te sede el paso.

Solo necesitas la luz del amor.
Que con el tuyo la sujetas.
Las fechas pasan y una se acerca.
Sin la espera que el alma acecha.
Que llega a ti por ser la correcta.

Aquí tengo toda mi vida.
A instalarse en lo indisoluble.
Han llenado las estrofas del alma.
Al desenlace de un corazón firme.

LIVE A TOMORROW

Everything is possible when you love.
Everything is done to see the loved one.
The most unimaginable pleasure.
Everything is left, and what is not, is interrupted.

Life itself stops.
A journey in search of another direction.
For having a kiss.
For a tomorrow, for a future.

What else should be done?
What to expect?
To see her just one second.
To feel just a caress.

Listen to only one word.
See just a smile.
Feel her gaze closely.
And feel the living of life itself.

Conquer time.
The happiness of her presence.
Smell tomorrow in her perfume.
Feel eternity in her arms.

A simple touch of her lips.
It is enough to bring down the sky.
Just a touch of her delicate skin.
To travel the entire world.

All just for the love of your beloved.
By putting aside an I miss you.
For bringing long distances closer.
For the reality of an I love you.

It suffers, it hurts.
It risks, it dies.
But in the end everything is beautiful.
Love gives you hope.
It gives you the illusion.
In together live a tomorrow.

VIVIR UN MAÑANA

Todo lo que es posible cuando se ama.
Lo que se hace por ver a la persona amada.
El más inimaginable placer.
Todo se deja y lo que no, se interrumpe.

La vida misma se detiene.
En busca de otro rumbo se camina.
Por tener un beso.
Por un mañana, por un futuro.

¿Qué más se debe hacer?
¿Qué de nuevo esperar?
Por verla tan solo un segundo.
Por sentir tan solo una caricia.

Escuchar solo una palabra.
Ver tan solo una sonrisa.
Sentir de cerca su mirada.
Y sentir el vivir de la vida misma.

Conquistar el tiempo.
La felicidad de su presencia.
Oler el mañana en su perfume.
Sentir la eternidad entre sus brazos.

Un simple rozar de sus labios.
Es suficiente para bajar el cielo.
Solo un tocar de su delicada piel.
Para recorrer el mundo entero.

Todo tan solo por el amor de tu amada.
Por hacer a un lado un te extraño.
Por acercar las grandes distancias.
Por la realidad de un te quiero.

Se sufre, se duele.
Se arriesga, se muere.
Pero al final todo es bello.
El amor te da la esperanza.
Te da la ilusión.
Que juntos vivirán un mañana.

Here I am, that **FOR YOU**
I'M **NOT** a stranger.
I AM a man **SPLIT**
BY **YOUR** love.
Only **MY BODY** BELONGS to me.
MY **LOVE** is yours.

AQUÍ ESTOY, que para ti
ya no soy un **EXTRAÑO.**
SOY un **HOMBRE** dividido
por tu **AMOR.**
SOLO mi cuerpo me pertenece.
Mi **AMOR** esta **CONTIGO.**

A POEM

y words have not been hollow.
I have written a poem.
My heart has not been empty.
I've only been a romantic poet.

I can read between the lines.
Where it jumps simple ideas.
I can understand every letter.
Because they scream a poem.

A poem that is a song.
Where a great story is born.
Where a passion is embodied.
And the whole soul bare.

Today I have scattered rivers of ink.
I have written tears of joy.
I have written tears of sadness.
For loving when I could love.
And forget when I couldn't forget.

I have written for the heart.
When it didn't want to be more hidden.
I have written to speak with silence.
To no longer be forgotten.

I have written for love and to love.
I have written because of a disgrace.
For the indelible memories.
And for the great sunrises.

Letters that have sown a thousand roses.
Traveled to the deepest feeling.
Where the being is lost in the most beautiful.
In the ineffable existence of the inexplicable.

At the end of the heart where everything is sincere.
Where I came to touch you and to see me.
There, where I found you and I could love you.
Where a poem came from.

UN POEMA

 Mis palabras no han sido huecas.
He escrito un poema.
Mi corazón no ha estado vacío.
Solo he sido un romántico poeta.

Puedo leer entre las lineas.
Donde brincan simples ideas.
Puedo entender cada letra.
Porque gritan un poema.

Un poema que es una canción.
Donde nace una gran historia.
Donde se plasma una pasión.
Y se desnuda el alma entera.

Hoy he esparcido ríos de tinta.
He escrito lagrimas de alegría.
He escrito lagrimas de tristeza.
Por amar cuando pude amar.
Y olvidar cuando no pude olvidar.

He escrito para el corazón.
Cuando no quiso estar más oculto.
He escrito para hablar con el silencio.
Para ya no estar en el olvido.

He escrito por amor y para amar.
He escrito por una desgracia.
Por los imborrables recuerdos.
Y por los grandes amaneceres.

Letras que han sembrado mil rosas.
Viajado hasta el más profundo sentimiento.
Donde se pierde el ser en lo más bello.
En la inefable existencia de lo inexplicable.

Al final del corazón donde todo es sincero.
Donde llegué para tocarte y que me vieras.
Ahí, donde te encontré y pude amarte.
De donde salió un poema.

IN THE PLACE
AND IN THE MOMENT

Meeting you was so difficult.
Loving you quite the opposite.
This is certainly my place.
I was born to stay by your side.

You are the scene of perfect love.
Today when flowers bloom.
The feelings come off.
To honor your unique beauty.

I am in the place and in the moment.
To dare all your love.
It is no longer in my blood to wait.
Nor, wasting time.

Together the heart and the reason.
Accommodated on the indicated side.
To continue with the tranquility.
And your love, whole to be able to enjoy it.

With you princess, I am in love.
I want to run and leave everything behind.
With this anguish, finally end.
Fully, to deliver everything.

Love that has reached the top.
Feeling that contains certainty.
Yesterday arises from the opportunity.
And also of suspicion.

I did not expect so much surprise.
Much less a subdued heart.
Even piety shows kindness.
For loving a princess.

Today, living becomes complex.
The soul, when thinking, abandons itself.
The pain of absence is felt.
Wait on you, and nothing conforms it.

You are an intelligent beauty.
Without a doubt my greatest bonanza.
The equator of my body.
Of my future, my only hope.

Just tell me you love me.
That you want to give me your life.
Be part of mine that loves you.
The one you already left me nothing with.

EN EL LUGAR
Y EN EL MOMENTO

El conocerte fué tan difícil.
El amarte todo lo contrario.
Ciertamente este es mi lugar.
Nací para quedarme a tu lado.

Del perfecto amor eres la escena.
Hoy cuando las flores florecen.
Los sentimientos se desprenden.
Para honrar a tu singular belleza.

Estoy en el lugar y en el momento.
Para atreverme a todo tu amor.
Que no está en mi sangre esperar.
Ni tampoco perder el tiempo.

Juntos el corazón y la razón.
Acomodados en el lado indicado.
Para continuar con la tranquilidad.
Y tu amor, íntegro poder disfrutarlo.

De ti princesa estoy enamorado.
Quiero correr y todo atrás dejarlo.
Con esta angustia al fin acabar.
Con plenitud para todo entregarlo.

Amor que ha llegado hasta la cúspide.
Sentimiento que contiene certeza.
Ayer surge de la oportunidad.
Y también de la sospecha.

No esperaba tanta sorpresa.
Menos un corazón sometido.
Aun la piedad muestra bondad.
Por amar a una princesa.

Hoy el vivir se hace complejo.
El alma al pensar se abandona.
Se siente el dolor de la ausencia.
Espera en ti, que nada lo conforma.

Eres una belleza inteligente.
Sin duda mi más grande bonanza.
El ecuador de mi cuerpo.
De mi futuro, mi única esperanza.

Solo dime que me amas.
Que tu vida quieres entregarme.
Ser parte de la mía que te ama.
De la que ya no me dejaste nada.

LET ME
LOVE YOU FOREVER

It was very difficult to accept that you were gone.
That your voice was no longer heard.
I could only see time follow its path.
While mine was static.

It was difficult to know that the phone was no longer ringing.
See that the seconds were no longer running.
Without a message, without a call.
Living an anguish that only increased.

I learned to feel everything.
But you, who wanted to feel you, no longer felt you.
My surroundings were empty.
My inside? Afflicted. Destroyed.

I was lost without you, without knowing the way.
The course did not exist anymore, it had disappeared.
I understood that my guide was gone.
And with it, also my destiny.

How to accept that my life was lost?
With no return, no corner, no avenue.
Rejecting that I needed you by my side.
To row my soul that was adrift.

I was looking for a sign, something to comfort me.
A simple, tiny or long word.
Something that said "Here I am," an "I miss you."
Or that you pretended to want to be by my side.

I knew it was not the time to lose you.
As it is today is when I have loved you the most.
The time I love you is forever.
Although I feel by you, ignored.

Where are you? What are you doing?
Why does silence no longer call me?
Are you also thinking of me?
Maybe thinking how to get away.
Or perhaps feeling like saying "I love you."

Talk to me, I want to listen to you.
I want to feel that in your life my life lives.
That I am also important to you.
And let me love you, forever.

DEJAME
AMARTE POR SIEMPRE

Fué muy difícil aceptar que ya no estabas.
Que tu voz ya no se escuchaba.
Solo podía ver al tiempo seguir su paso.
Mientras el mío, se encontraba estático.

Fue difícil saber que el teléfono ya no sonaba.
Ver que los segundos ya no marchaban.
Sin un mensaje, sin una llamada.
Viviendo una angustia que solo aumentaba.

Aprendi a sentir de todo.
Pero a ti que te quería sentir, ya no te sentía.
Mi alrededor era vacío.
¿Mi interior? Afligido. Destruido.

Estuve perdido sin ti sin saber el camino.
El rumbo no existía mas, había desaparecido.
Entendí que mi guía se había ido.
Y con ella, también mi destino.

¿Cómo aceptar que mi vida estaba perdida?
Sin retorno, ni esquina, ni avenida.
Rechazando que te necesitaba a mi lado.
Para bogar mi alma que estaba a la deriva.

Buscaba una señal, algo que me confortara.
Una simple, diminuta o larga palabra.
Algo que dijera "aquí estoy", un "te extraño".
O que fingieras que querías estar a mi lado.

Supe que no era el tiempo para perderte.
Pues es hoy cuando más te he amado.
El tiempo que te quiero es para siempre.
Aunque por ti me sienta ignorado.

¿Dónde estás? ¿Qué estás haciendo?
¿Por qué el silencio ya no me llama?
¿Estarás también pensando en mi?
Quizás pensando como alejarte.
O quizás sintiendo como decir "te amo".

Háblame que quiero escucharte.
Quiero sentir que en tu vida mi vida vive.
Que soy para ti también importante.
Y me dejes amarte, por siempre.

LOVE OF ALL TIME

ow the best love in the world is mine.
Loving you today belongs only to me.
Exquisite life of yours, which is now mine.
And to which I have given mine.

Love that is the beginning of the eternal.
The happiness of always living.
Sunrises and sunrises smiling.
Getting to the end of a beautiful story.

Everything my heart hears.
Everything my eyes see.
By walking with you I take everything.
Like finding everything good.

You are the love of all time.
The gale of feelings.
Your kisses are delicious nectars.
And your words, seductive songs.

Side by side we make the rainbow.
Like crystals of a thousand colors.
See that together they illustrate paradise.
Life itself on a single canvas.

Exceptional beauty of a princess.
Inspiration to write countless poems.
As the darkest in the sky.
That makes the stars shine brighter.

Your love is the same as the winds.
The stronger, the more they caress the leaves.
Just like the seas.
That the more restless, the more it kneads its waters.
Or as beautiful as the flowers themselves.
With bees they produce rich honeys.

Glorious secret of love.
Which time has jealously guarded.
Hear that I like you, and I love you.
Just by touching your hands.
I feel like the world belongs to me.

AMOR DE TODOS LOS TIEMPOS

hora el mejor amor del mundo es mío.
El amarte hoy solo a mi me pertenece.
Exquisita vida tuya que ahora es mía.
Y a la que yo le he entregado la mía.

Amor que es el principio de lo eterno.
La felicidad del siempre viviendo.
Amaneceres y anocheceres sonriendo.
El llegar al final de un bello cuento.

Todo lo que escucha mi corazón.
Todo lo que ven mis ojos.
Por el caminar contigo todo me llevo.
Como el hallazgo de todo lo bueno.

256

Eres el amor de todos los tiempos.
El vendaval de los sentimientos.
Tus besos son deliciosas néctares.
Y tus palabras seductoras canciones.

Juntos hacemos el arcoíris.
Como los cristales de mil colores.
Ve que unidos forman el paraíso.
La vida misma en un solo lienzo.

Belleza excepcional de una princesa.
Que inspira a escribir incontables poemas.
Como lo mas obscuro del cielo.
Que hace brillar mas a las estrellas.

Tu amor es igual que los vientos.
Entre más fuertes más acarician las hojas.
Igualmente como los mares.
Que entre más inquieto, más soba sus aguas.
O tan bello como las mismas flores.
Que con las abejas producen ricas mieles.

Glorioso secreto de amor.
Que el tiempo celosamente ha guardado.
Escucha que me gustas, te quiero, y te amo.
Con solo tocar tus manos.
Siento a mi alrededor al mundo entero.

THE AIR
UNITES US

Feel my finger on your lips.
Please keep quiet.
Listen to the soft winds.
Listen that we are perfect.

A breath that belongs to both of us.
That even distant brings us closer.
Feel the aura in your hair.
It is the halo that identifies us.

Just raise your hand.
Open your fingers.
Touch the passing air.
It is the same that I caress.
It carries my love in its breeze.

Now send me a kiss.
That here I also receive it.
I feel your lips on mine.
You feel the same.
That I also kiss you.

Now I will travel everywhere.
There I will feel your shading.
It will be enough to touch the air.
Love will come to the call.
I will always feel you by my side.

So until that day comes.
Do not leave anything without loving.
I need all your presence.
To be here forever.

When the daylight ends.
We will continue at night.
Arrive the freshness of love.
Hands squeezed.
Start a new romance.

Today we wait for that day.
Someday that we are together.
That one day will be today.
Let's not wait for it anymore.

EL AIRE
NOS UNE

Siente mi dedo en tus labios.
Por favor guarda silencio.
Escucha los suaves vientos.
Escucha que somos perfectos.

Un aliento que es de los dos.
Que aun alejados nos acerca.
Siente el aura en tu pelo.
Es el halo que nos identifica.

Solo levanta tu mano.
Abre tus dedos.
Toca el aire que pasa.
Es el mismo que yo toco.
Lleva mi amor en su brisa.

Ahora envíame un beso.
Que aquí también lo recibo.
Siento tus labios en los míos.
Tu siente lo mismo.
Que yo igualmente te beso.

Ahora viajare a todos lados.
Ahí sentiré tu sombreado.
Bastará con tocar al aire.
Llegará el amor al llamado.
Te sentiré siempre a mi lado.

Así hasta que llegue ese día.
Que no deje nada sin amar.
Me falta toda tu presencia.
Que este aquí por siempre.

Cuando la luz del día termine.
Seguiremos por la noche.
Arribara la lozanía del amor.
Apretados de las manos.
Empezar un nuevo romance.

Hoy esperamos ese día.
Algún día que estemos juntos.
Ese algún día será hoy.
Ya no lo esperemos.

THE ECSTASY OF TIME

Let me touch you again and speak in your ear.
Bite your lips and savor your kisses.
Let me tear off your clothes and discover your charms.
Kiss your secrets, caressing your body.

I want to get lost in the way of your legs.
Listen to your groans and burning sighs.
May you get lost in the intensity of ecstasy.
And beg, because time never ends.

I'm dying to hear your screams again.
Go from top to bottom, slow, without any hurry.
Touch each corner, which nests your silhouette.
Walk with my nails, over your soft essence.

I want to murmur a thousand poems in your ears.
May you feel my breath, within your entrails.
Listen to your desperate silence of pleasure.
While I travel on your skin, suffocating your body.

Please, let's start lighting the fire.
Slowly, because now we have all the time.
Let me touch all of you, to bristle with me.
Cross the mountains, to raise the flags.

Do not be afraid, come up, I will hold you.
Look, we are the best contortionists.
Let me go to meet you, at the bottom of your dreams.
I want to die in your incessant movements.

Come with me, that only you and I exist.
Let us live the firm currents of the waters.
I want to drown in your torrent geysers.
Once and a thousand times, savoring your rich nectars.

Squeeze me and let's end up in heaven together.
Let's finish, to start this delirium again.
Let the blood in your veins accommodate.
Let's live again, the ecstasy of time.

263

EL EXTASIS
DEL TIEMPO

Déjame tocarte otra vez y hablarte al oido.
Morderte tus labios y saborear tus besos.
Deja arrancar tu ropa y descubrir tus encantos.
Besar tus secretos, acariciando tu cuerpo.

Quiero perderme en el camino de tus piernas.
Escuchar tus quejidos y ardientes suspiros.
Que te pierdas en la intensidad del éxtasis.
Y supliques, porque el tiempo nunca termine.

Muero por escuchar nuevamente tus gritos.
Ir de arriba a bajo, lento, sin ninguna prisa.
Tocar cada esquina, que anida tu silueta.
Recorrer con mis uñas, tu suave esencia.

Quiero murmurar mil poemas en tus oídos.
Que sientas mi aliento, dentro de tus entrañas.
Escuchar tu silencio desesperante de placer.
Mientras viajo en tu piel, sofocando tu alma.

Por favor ya empecemos a encender el fuego.
Despacio, que ahora tenemos todo el tiempo.
Deja rozar todo de ti, para erizarte conmigo.
Surcar las montañas, para erguir las banderas.

No tengas miedo, ven arriba, que yo te detengo.
Mira, que somos los mejores contorsionistas.
Déjame ir a tu encuentro, al fondo de tus sueños.
Quiero morir en tus incesantes movimientos.

Ven conmigo, que solo tu y yo existimos.
Vivamos las firmes corrientes de las aguas.
Quiero ahogarme en tus torrentes manantiales.
Una y mil veces, saborear tus ricos néctares.

Apriétame y acabemos juntos en el cielo.
Terminemos, para iniciar otra vez este delirio.
Deja que se acomode la sangre de tus venas.
Y volvamos a vivir, el éxtasis del tiempo.

One
day

...we will walk
the sands of the seas with
two hearts fused into one.
We will head to a single
destination, that today has
brought us together,
until the end.

Un día caminaremos por las
arenas de los mares, con dos
corazones fundidos en uno.
Tomaremos rumbo a un solo
destino,que hoy nos ha juntado,
hasta el final.

THE HUNTED HUNTER

N o matter how much time passes.
I will stalk you like hungry prey.
Even when you hide and reject me.
I will follow you tirelessly until I hunt you down.

I know you are not an easy prey.
That you are not from any herd.
I can see from here in the distance your fine stamp.
Imagining and savoring the moment when you are close.

I'm not terrified of being in front of your face.
I am ready to face any encounter.
I have launched a dogged persecution for your capture.
Until I catch your indomitable heart and conquer it.

Yesterday when I saw you, you were able to hypnotize my soul.
I was maddened by your intense gaze.
I carry you in me and I cannot take you out of my soul.
That's why I'm on this hunt, even if I die from your paw.

I am a hunter of great journeys.
I just follow the tracks you have left for me to follow you.
I smell the aroma that gives off your essence.
As well as the unmistakable air that your boast exhales.

Today fierce, brave, and punchy, you are my female.
Tomorrow docile, meek, affable and submissive my child.
You will be tamed to appreciate and give yourself my whole life.
So sovereign, princess, to call you monarch.

Do not fear the crush of my heart.
They are like the softest, most delicate and seductive caresses.
I have chosen you for being a magnificent female species.
Many hunters look for you but I will be the one to get you.

But you will not be my reward or my trophy.
You will be my beautiful consort.
You will be on the throne where I will be your fervent slave.
Your eternal hunter who in the end you will have hunted.

EL CAZADOR CAZADO

No importa cuanto tiempo pase.
Te acecharé como una presa hambrienta.
Aun cuando te escondas y me rechaces.
Te seguiré incansablemente hasta cazarte.

Se que no eres una presa fácil.
Que no eres de cualquier manada.
Puedo ver desde aquí a la distancia tu fina estampa.
Imaginando y saboreando el momento cuando estés cerca.

No me aterra estar frente a tu faz.
Estoy listo para enfrentar cualquier encuentro.
He emprendido una tenaz persecución por tu captura.
Hasta atrapar tu indómito corazón y someterlo.

Ayer cuando te vi, pudiste hipnotizar mi alma.
Quedé enloquecido por tu intensa mirada.
Te llevo en mi y no puedo sacarte de mi alma.
Por eso estoy en esta caza, aunque muera por tu zarpa.

Soy un cazador de grandes travesías.
Solo sigo las huellas que has dejado para que te siga.
Huelo el aroma que despide tu esencia.
Así como el aire inconfundible que exhala tu jactancia.

Hoy fiera, brava, valiente y con garra eres mi hembra.
Mañana dócil, mansa, afable y sumisa mi criatura.
Serás domada para que aprecies y entregarte mi vida entera.
Entonces soberana, princesa, para llamarte monarca.

No temas a los flechazos de mi corazón.
Son como las más suaves, delicadas y seductoras caricias.
Te he escogido a ti por ser una magnifica especie fémina.
Muchos cazadores te buscan pero yo seré el que te consiga.

Pero no serás mi recompensa ni un trofeo.
Tu serás mi hermosa esposa.
Estarás en el trono donde yo seré tu ferviente esclavo.
Tu eterno cazador que al final habrás casado.

THE PAIN OF LOVE

I don't know where your love is today.
I don't know what your heart is feeling.
Although I know you're there.
I don't know if my name is still in you.

I want you to know that I am suffering.
That without your love I am dying.
I have dedicated myself to following my dreams.
To not be thinking about you.

But your presence always comes.
Everything I do has your scent.
Your voice is a strong hammering.
That rumbles everywhere.

Today, silence can speak.
Memories, can be heard.
The uncertainty of continuing like this tomorrow.
Keep clouding my walk.

I know that loving is also suffering.
It produces beautiful pain.
It makes you smile and cry.
Breathe and suffocate.
It makes you live forever.
But in moments it makes you die.

Your indifference brings me this feeling.
It produces me, this suffering.
It tortures my heart.
And gradually turn off the illusion.

But...
Why this bitterness?
If only I have come to love you.
Why do you ignore my love?
If it is what you have always sought.

I yearn to stop this martyrdom.
Dwell finally this bonanza.
Realize out what we have planned.
And walk the entire world, together.

EL DOLOR
DE AMAR

 No se donde tu amor esté hoy.
No se lo que tu corazón esté sintiendo.
Aunque se que estás ahí.
No se si en ti siga mi nombre estando.

Quiero que sepas que estoy sufriendo.
Que sin tu amor me estoy muriendo.
Me he dedicado a seguir mis sueños.
Para no estar en ti pensando.

Pero tu presencia siempre llega.
Todo lo que hago tiene tu aroma.
Tu voz es un fuerte martillar.
Que retumba en todo lugar.

Hoy, el silencio puede hablar.
Los recuerdos puedo escuchar.
La incertidumbre de seguir así mañana.
Sigue nublando mi caminar.

Se que el amar es también sufrir.
Produce un bello dolor.
Te hace sonreír y llorar.
Respirar y asfixiar.
Te hace eternamente vivir.
Pero en momentos te hace morir.

Tu indiferencia me trae este sentir.
Me produce este sufrir.
Me atormenta el corazón.
Y poco a poco apaga la ilusión.

Pero...
¿Por qué de esta amargura?
Si solo he venido a amarte.
¿Por qué ignoras mi amor?
Si es lo que has buscado siempre.

Ansió parar este vía crucis.
Morar por fin en esta bonanza.
Realizar lo que hemos planeado.
Y recorrer juntos el mundo entero.

UNCERTAIN
WOMAN

What do I do to see the truth in your eyes,
if you don't even want to look at me?
How do I know if I am deceived,
if you don't even want to lie to me?

You know that I am a tireless fighter.
But your silence has me confused.
I don't know if continuing is the right thing to do.
I am afraid that my insistence has offended you.

Maybe you love someone else.
And I'm enlightened with your name.
Perhaps there is no more room in your heart.
Because you have it busy with another man.

I am here, because you are something truly divine.
That I want to share my life with you.
Are you afraid of falling in love?
Or maybe you are, but not with me?

Believe me I want to decipher the way.
Give clarity to what I am after.
I would just love to have your smile.
To tell me to be confident.
Or turn around, and look for another destination.

I am ignorant that I do not understand your parables.
In the same way I think they are for me,
I also suspect they are for someone else.
Therefore, it lifts me up, but it also sinks me.
And perhaps because of this, I cannot understand it.

Who are you, that you do not leave my mind?
Who are you, that I can't get rid of you?
I want to know why I think of you.
Why is your love dangerous?

Maybe because you are an uncertain woman.
A woman I always lose to.

MUJER
INCIERTA

¿Qué hago para ver la verdad en tus ojos,
si ni siquiera quieres mirarme?
¿Cómo saber si estoy engañado,
si ni siquiera quieres mentirme?

Sabes que soy un luchador incansable.
Pero tu silencio me tiene confuso.
Ya no se, si el seguir sea lo debido.
Temo que mi insistencia te haya ofendido.

Quizás ames a alguien mas.
Y yo esté ilusionado con tu nombre.
Quizás ya no halla espacio en tu corazón.
Pues lo tenga ocupado otro hombre.

Estoy aquí, porque eres algo divino.
Que mi vida quiero compartir contigo.
¿Acaso tienes miedo a enamorarte?
¿O acaso lo estas, pero no conmigo?

Créeme que quiero descifrar el camino.
Darle claridad a lo que persigo.
Me encantaría tan solo tener una sonrisa.
Que me diga que tenga confianza.
O que de la vuelta y busque otro destino.

Soy ignorante que no entiendo tus parábolas.
Así como pienso que son para mi,
también sospecho que sean para otro.
Por ello me levantan, pero también me hunden.
Y quizás por ello, no pueda entenderlas.

¿Quién eres, que no sales de mi mente?
¿Quién eres, que de ti no me desprendo?
Tengo ganas de saber el por qué en ti pienso.
¿Por qué el amor a tu lado es un peligro?

Quizás por que eres una mujer incierta.
Una mujer con la que siempre pierdo.

LET'S FLY

I feel your nerves in your words.
In your questions, in your messages.
For so many years your nights have lengthened.
Now with a restless soul, you have awakened.

Why do you fear to find your dream?
You are also the happiness that awaits me.
Just close your eyes, extend your hand, feel.
That face to face we will be.

This is the world I wanted to achieve.
With you I have come to find it.
Please leave your fears in the past.
Grab my hand and come on, let's fly.

I know I've been a stranger known.
For years looking for your love I have had to wander.
I want a paradise in a corner in your soul.
The perfect place where I long to stay.

The emptiness hurts so much, it makes me cry.
So I want to cut the distance and never let you go.
I feel like you want to stay and also run.
You don't know what to do, just to know that this is real.

Something beautiful like you, today could be wrong.
When you resigned, the impossible could come.
Here is the day that your heart has betrayed you.
The time when you have fallen in love.

I'm going for all of you, nothing of yours I have to leave.
Wait for my arms, they want to embrace you.
I want to bring you to travel with me to a beautiful place.
It is a written dream, it is called happiness.

I truly love you? Is it true what you feel?
What will happen when we face each other?
Oh beautiful dream, you can also doubt.
Smile, don't think, let your eyes look.
I am the truth of the time, that only comes to love you.

VAMOS A VOLAR

Siento tus nervios en tus palabras.
En tus preguntas, en tus mensajes.
Por tantos años tus noches se han alargado.
Ahora con un alma inquieta, has despertado.

¿Por que temer a encontrar tu sueño?
Eres también la felicidad que me espera.
Solo cierra los ojos, extiende tu mano, siente.
Que frente a frente vamos a estar.

Este es el mundo que quise alcanzar.
Contigo lo he venido a encontrar.
Por favor deja tus temores en el pasado.
Agarra mi mano y vamos, vamos a volar.

Se que he sido un conocido extraño.
Por años buscando tu amor he tenido que vagar.
Quiero un paraíso en un rincón en tu alma.
El lugar perfecto en donde me anhelo quedar.

El vacío duele tanto, que hace llorar.
Cortar la distancia y jamas dejarte marchar.
Siento que quieres quedarte y también correr.
No sabes que hacer, solo saber que esto es real.

Algo hermoso como tu, hoy se pudo equivocar.
Cuando te resignabas, lo imposible pudo llegar.
He aquí el día en que tu corazón te ha traicionado.
El tiempo en que se ha llegado a enamorar.

Voy por todo de ti, nada tuyo he de dejar.
Espera mis brazos, que te quieren abrazar.
Quiero traerte a viajar conmigo a un bello lugar.
Se escribe sueño, se llama felicidad.

¿De verdad te amo? ¿Es verdad lo que sientes?
¿Qué pasará cuando estemos de frente?
Ohh hermoso sueño, tu también puedes dudar.
Sonríe, no pienses, deja tus ojos mirar.
Soy la verdad del tiempo que solo te viene a amar.

YOUR PRESENCE

From my threshold I admire your beauty.
Interrupts me for being perfect.
From among the women you are magnificent.
Of all, the most beautiful.

Even from abundance you stand out.
Proud, natural, clear and divine.
You look like a real angel.
The aura is the only difference.

It is your essence that betrays you.
That is locked in my thought.
Today that I see you again.
I know that in existence, beauty is true.

284

It is here where I am close to you.
Although I know that you are far away.
It is here where I can see you.
Where I can not miss you.

Let me sit by your side for a second.
I long to just feel your presence.
Feeling the same air, you breathe.
And take me with you, your fragrance.

Tomorrow I will look for you anxiously.
To touch you with my gaze.
I will hold the faith in my heart.
Hope, sitting there finding you.

You are my other reason to always be here.
From my eyes now, a consolation.
The dream of someday being able to greet you.
The illusion of listening to you, just a second.

Now I will never be alone again.
I will always have your presence.
It will accompany me in the path of each word.
That I will be able to write, every time I feel you.

TU PRESENCIA

Desde mi umbral admiro tu belleza.
Me interrumpe por ser perfecta.
De entre las mujeres eres grandiosa.
De entre todas, la más hermosa.

Aun de la abundancia sobresales.
Erguida, natural, clara y divina.
Pareces un verdadero ángel.
El aura es la única diferencia.

Es tu esencia que te delata.
Que se encierra en mi pensamiento.
Hoy que te veo nuevamente.
Se que en la existencia lo bello es cierto.

Es aquí en donde de ti estoy cerca.
Aunque sepa que estas muy lejos.
Es aquí en donde puedo verte.
En donde no puedo extrañarte.

Déjame un segundo sentarme a tu lado.
Anhelo tan solo sentir tu presencia.
Sentir el mismo aire de tus respiras.
Y llevarme conmigo tu fragancia.

Mañana buscaré por ti ansiosamente.
Para con mi mirada tocarte.
Empuñare la fe en mi corazón.
La esperanza de ahí sentada encontrarte.

Eres mi otra razón de aquí estar siempre.
Ahora de mis ojos solo un consuelo.
El sueño de algún día poder saludarte.
La ilusión de un segundo tan solo escucharte.

Ahora ya nunca más estaré solo.
Siempre tendré de ti, tu presencia.
Me acompañará en el curso de cada palabra.
Que podré escribir, cada momento que te sienta.

JUST
WAIT

Y ou have not come to our appointment.
I think you've delayed.
Perhaps you feel regretful.
Or just, it was a simple oversight.

I will write a poem while I wait.
I already hear your noisy walking.
Suddenly it stops moving forward.
The echo is diluted with its return.

Darkening shadows appear.
The light that illuminates is blinking.
It turns on and off.
It comes and goes like a ghost.

It is a cold evening.
Yesterday was perfect weather.
Things change so much.
They think and agree.

Everything has changed in the mind.
When it can touch an ending.
Fears arise again.
When there was a nice start.

The reason is not understood.
Not any explanation.
It is better to remain silent.
Nothing to ask, and just wait.

Illusions come and go.
They are faithful to walk.
Although there is doubt if they follow you.
You know they will always be there.

I must return to my home.
Continue in loneliness.
Happy to have been here.
Even without your being.

I'll be back in your waiting.
Pending everywhere.
I will search among all the people.
Until I see you arrive.

SOLO
ESPERAR

No has llegado a nuestra cita.
Creo que te has retrasado.
Quizás te sentiste arrepentida.
O tan solo, fue un simple descuido.

Escribiré un poema mientras espero.
Ya escucho tu ruidoso caminar.
De repente detiene el avanzar.
El eco se diluye con su regresar.

Aparecen las sombras del obscurecer.
La luz que ilumina está parpadeando.
Se enciende y se apaga.
Viene y se va como un fantasma.

Es un frío anochecer.
Ayer era un clima perfecto.
Cambian tanto las cosas.
Piensan y se ponen de acuerdo.

Todo ha cambiado en la mente.
Cuando se puede tocar un final.
Surge de nuevo temores.
Cuando hay un bonito empezar.

No se entiende el motivo.
Ni cualquier explicar.
Es mejor guardar silencio.
Nada preguntar, y solo esperar.

Ilusiones van y vienen.
Son fieles al andar.
Aunque no sabes si te siguen.
Sabes que ahí siempre estarán.

Debo regresar a mi hogar.
Seguir en la soledad.
Feliz por haber estado aquí.
Aun sin tu estar.

Estaré de nuevo en tu espera.
Pendiente de todo lugar.
Buscaré entre toda la gente.
Hasta verte llegar.

It is impos

Es imposible
enamorarse
sin escribir
una palabra.

sible

o fall in love without writing a word.

I LOVE YOU. TE AMO

TOMORROW IS A REALITY

We will meet tomorrow.
Finally the clock has ticked.
I will know the future I have dreamed.
Obeying my heart that is trapped.

I will ride the road to see my beloved.
I will leave the distances in history.
I will imagine a whole time hopeful.
I will live the magic that has surrounded us.

I want to look you straight in your eyes.
Kiss you, touch you, squeeze you, pinch you.
Know that you are, really you.
And finally end this anxiety.

I come with my voice to yell at you, I love you.
I want you to know that I need you.
I just want to love you.
Now without letters, but face to face.

I can not stop loving you.
My feeling is growing every day.
I only crave a life with you.
Only one, that I will not let finish.

Say now, what you want to say.
Tomorrow I can no longer hear you.
It will be the day that love arrives.
Other reasons will have to wait.

How to hold this moment?
The hours become eternal.
I already want to get next to you.
Reach you, to feel myself complete.

I believe in us together.
I believe that tomorrow is a reality.
I know you are a true love.
Genuine, without looking for anything else.
Tomorrow to be loved, and to be able to love.

MAÑANA
ES UNA REALIDAD

Mañana nos conoceremos.
Finalmente el reloj ha caminado.
Voy a conocer el futuro que he soñado.
Obedeciendo mi corazón que está atrapado.

Surcaré el camino a ver a mi amada.
Dejaré las distancias en la historia.
Imaginaré todo un tiempo ilusionado.
Viviré la magia que nos ha rodeado.

Quiero mirarte directo a tus ojos.
Besarte, tocarte, apretarte, pellizcarte.
Saber que eres de verdad tu.
Y terminar por fin con esta zozobra.

Te amo, vengo con mi voz a gritarte.
Que sepas que te necesito.
Que solo quiero quererte.
Ahora sin letras, decírtelo de frente.

Ya no puedo parar de amarte.
Mi sentimiento cada día crece.
Ansío solo una vida contigo.
Solo una, que no dejaré terminar.

Di hoy lo que quieras decir.
Mañana ya no te podré escuchar.
Será el día del amor que arriba.
Otras razones habrán que esperar.

¿Cómo contener este momento?
Las horas se hacen eternas.
Ya quiero llegar a tu lado.
Venir a ti para sentirme completo.

Creo en nosotros juntos.
Creo en que mañana es una realidad.
Se que eres un amor de verdad.
Genuina sin buscar nada mas.
Mañana ser amada, y poder amar.

MORE AND MORE

I would like to be reconciling your dream.
See your beautiful sleep.
Feel your soft breath.
See your hair fall on the pillow.

Admire you lying on the bed.
Look at you, without touching you, feel you.
Wait for when you open your eyes.
I love you, a thousand times more and more, tell you.

Then see you stretching your arms.
They invite me hungry.
Without waiting, love you more and more.
Drowning in your kisses.

Loving you, that loving you everything is different.
Letting in beautiful illusions.
That nothing can stop.
Knowing that love is forever.

Today I only have the memory.
A memory, full of other dreams.
Today I know that I only have you.
That you have replaced them all.

Today, I have you.
You have brought me new dreams.
The biggest and the most beautiful of all.
Many more and more, but never more, alone.

Finally in life and in the eternal.
My voice goes out, because of the passion I feel.
Together in the depth of dreams.
Loving us in the anxiety of silence.

Seeing you in a sublime moment.
Ready for more and more, to overflow the passion.
Feel calm, because you are there.
Still, lost in love.

MAS Y MAS

Quisiera estar conciliando tu sueño.
Ver tu hermoso dormir.
Sentir tu suave respirar.
Ver en la almohada tu pelo caer.

Admirarte tendida en la cama.
Recorrerte con la mirada.
Sin tocarte sentirte.
Esperar para cuando abras tus ojos.
Te amo, mil veces más y más decirte.

Entonces ver el estirar de tus brazos.
Que me invitan hambrientos.
Sin esperar, amarte más y más.
Ahogarme en tus besos.

Amarte, que amándote todo es diferente.
Dejando entrar bellas ilusiones.
Que nada puede parar.
Sabiendo que el amor es para siempre.

Hoy solo me queda el recuerdo.
De una memoria llena de otros sueños.
Hoy se que solo te tengo a ti.
Que los has suplido todos.

Hoy te tengo a ti.
Que me has traído sueños nuevos.
Los más grandes y más bellos de todos.
Muchos más y más, pero nunca mas solo.

Por fin en la vida y en lo eterno.
Se apaga mi voz, por la pasión que siento.
Juntos en la profundidad de los sueños.
Amándonos en la ansiedad del silencio.

Viéndote en un momento sublime.
Lista para más y más la pasión desbordar.
Sentir la calma porque estás ahí.
Quieta, perdida en el amar.

I WANT
THE PAST TO BE OVER

I would like to live the day of tomorrow.
The day you stay forever.
When we no longer have to say goodbye.
When we no longer have to separate.

I no longer want to hear your voice in the distance.
Nor, read your words.
I just want you to be by my side.
And finally, the story begins.

I no longer want to tell you what happens in my life.
But you live it with me.
May you be here every second.
So, you don't have nothing anymore to ask.

I do not want to be thinking of you.
I just want to turn around and see you.
I don't want to miss you.
I just want you to be here to touch you.

I don't want you to be away anymore.
That when I need you, you are absent.
I don't want to wait for you anymore.
But to know, that I always have you.

I want the long days to end.
And if they are, may you be by my side.
I no longer want the days to be short.
And if they are, let them be because I am loving you.

I just want to love you without waiting one more day.
Today is the beginning, when I love you so much.
And my heart can not understand.
Why does it have to wait for time.

I want the past to end.
That only the future exists.
May the days of the present finally end.
Those in which you are not with me.

303

QUIERO QUE SE
ACABE EL PASADO

uisiera vivir el día de mañana.
El día en que te quedes por siempre.
Cuando ya no tengamos que despedirnos.
Cuando ya no tengamos que separarnos.

Ya no quiero escuchar tu voz a lo lejos.
Ni tampoco leer tus palabras.
Solo quiero que estés a mi lado.
Y que al fin comience la historia.

Ya no quiero contarte lo que pasa en mi vida.
Si no que la vivas conmigo.
Que cada segundo estes aquí.
Para que ya nada preguntes.

Ya no quiero estar pensando en ti.
Solo quiero voltear y verte.
Ya no quiero extrañarte.
Solo quiero que estés aquí para tocarte.

Ya no quiero que estés lejos.
Que cuando te necesito, estés ausente.
Ya no quiero mas esperarte.
Si no saber que te tengo siempre.

Quiero que se acaben los días largos.
Y si lo son, que estés a mi lado.
Ya no quiero que los días sean cortos.
Y si lo son que sean porque te estoy amando.

Solo quiero amarte sin esperar un día mas.
Que hoy es el principio, cuando te amo tanto.
Y mi corazón no puede entender.
Porque tiene que esperar al tiempo.

Quiero que se acabe el pasado.
Que solo exista el futuro.
Que por fin terminen todos los días.
Esos, en los que no estas conmigo.

THE PERFECT LOVE STORY

There is no longer sadness in my soul.
You have come to heal it.
Today my life is a thousand colors.
When before it was black and white.

Hope is full of enthusiasm.
The heart, proud and vigorous.
In a life that shines again.
Today, I am happy for your existence.

A closer day, for being with you.
To love you perpetually.
To spread two faithful hearts.
To enchant in your honeys.

Beautiful days shine.
Awakenings with beautiful sunrises.
Eagerly awaiting the sunsets.
Stalking the nights of pleasures.

I want to get closer to your fragrance.
And see you, when you open your eyes.
Make you mine again, slowly.
And repeat to you, that you are all I have.

I keep a wonderful life for you.
Full of hopes and big dreams.
Full of the love we treasure.
Glutted of books, that we will write together.

There, the perfect love story.
Better than Romeo and Juliet's.
The best in history.
The best on the planet.

Legacy that day by day, we will do great.
So that our passion is eternal.
As an example of great love.
That was exalted by the times.

307

LA OBRA DE
AMOR PERFECTA

Ya no hay tristeza en mi alma.
Tu has llegado a sanarla.
Hoy mi vida son mil colores.
Cuando antes era blanco y negra.

La esperanza llena de entusiasmo.
El corazón, ufano y vigoroso.
En una vida que brilla nuevamente.
Hoy, me siento feliz por tu existencia.

Un día más cercano por estar contigo.
Para amarte perpetuamente.
Para contagiar dos corazones fieles.
Para embelesar en tus mieles.

Dias hermosos resplandecen.
Despertares con bellos amaneceres.
Aguardando ansioso los atardeceres.
Acechando las noches de placeres.

Quiero ya acercarme a tu fragancia.
Y verte, al abrir de los ojos.
Hacerte mía de nuevo, lentamente.
Repetir, que eres todo lo que tengo.

Guardo para ti una vida maravillosa.
Llena de ilusiones y grandes sueños.
Repleto del amor que atesoramos.
Ahíto de libros que escribiremos.

Ahí, la obra de amor perfecta.
Mejor que la de Romeo y Julieta.
La mejor en la historia.
La mejor del planeta.

Legado que haremos grande.
Para que nuestra pasión sea eterna.
Como ejemplo de un gran amor.
Que se encumbró por los tiempos.

I AM

A ROMANTIC,
BEGGAR OF YOUR LOVE.
WILLING TO TRAVEL
IN THE ETERNAL CONQUEST
OF YOUR CHARM.
AS FAR AS YOU WANT TO TAKE ME,
EVEN INTO THE SAME SPACE.

SOY UN ROMÁNTICO, MENDIGO DE TU AMOR.
DISPUESTO A VIAJAR
EN LA ETERNA CONQUISTA DE TU ENCANTO.
TAN LEJOS COMO QUIERAS LLEVARME,
INCLUSO AL MISMO ESPACIO.

Love MELTS away EVERYTHING.
El amor lo derrite todo.

Love transforms time.
I can be old, but Im young.
It makes me smell the freshness of a living world.
It makes me feel a breath on my skin,
and hear the voice of a loving silence.
The beginning of everything that I did not know before,
and the end of an unknown future.
A beautiful feeling touched by raindrops,
where nothing is broken.

~~~~~

El amor transforma el tiempo.
Puedo ser viejo, pero soy joven.
Me hace oler la frescura de un mundo vivo.
Me hace sentir un aliento en mi piel
y escuchar la voz de un amoroso silencio.
El comienzo de todo lo que no conocía antes,
y el final de un futuro desconocido.
Una hermosa sensación tocada por las gotas de la lluvia,
donde nada está roto.

ACKNOWLEDGMENTS

There could be no better time than today for the release of UNBURIED LOVE. Today in the world, poetry is more popular than ever. This is the exact moment to reaffirm the ascending path of the art of poetry as the essence of human life.

ALWAYS & FOREVER

Thanks to the passion of the aristocratic poets of the world for continuing to shed the sophisticated magic of emotions through the beauty of words.

United Nations
Educational, Scientific and
Cultural Organization

Thanks to THE UNITED NATIONS EDUCATIONAL, SCIENTIFIC AND CULTURAL ORGANIZATION (UNESCO), *for celebrating every year, the art of poetry: March 21, World Poetry Day.*

Thanks to ENVATO ELEMENTS PTY LTD
PO Box 16122
Collins Street West Melbourne,
Victoria 8007 Australia
VAT #: EU826463953
Registration #: 87 613 824 258
for all the photography provided and included in this book, for the enrichment of its graphic content.

Café con Leche

Finally, **Thanks to** my Literary Agent, Leticia Gomez
Café con Leche Books
3 Griffin Hill Court
The Woodlands, TX 77382
281-465-0119
cafeconlechebooks.com
For her professionalism and support in making this book a reality.

AGRADECIMIENTO

No podría haber un mejor momento que hoy para la publicación de AMOR INSEPULTO. Hoy en el mundo, la poesía es más popular que nunca. Este es el momento exacto para reafirmar el camino ascendente del arte de la poesía como esencia de la vida humana.

Gracias a la pasión de los aristocráticos poetas del mundo por seguir derramando la magia sofisticada de las emociones a traves de la belleza de las palabras.

United Nations
Educational, Scientific and
Cultural Organization

Gracias a LA ORGANIZACIÓN DE LAS NACIONES UNIDAS PARA LA EDUCACIÓN, LA CIENCIA Y LA CULTURA (UNESCO), *por celebrar cada año el arte de la Poesía: 21 de Marzo, Día Mundial de la Poesía.*

Gracias a ENVATO ELEMENTS PTY LTD
PO Box 16122
Collins Street West Melbourne,
Victoria 8007 Australia
VAT #: EU826463953
Registration #: 87 613 824 258
por toda la fotografía proporcionada e incluida en este libro, para el enriquecimiento de su contenido gráfico.

Por último *Gracias a* mi Agente Literario, Leticia Gomez
Café con Leche Books
3 Griffin Hill Court
The Woodlands, TX 77382
281-465-0119
cafeconlechebooks.com
Por su profesionalismo y apoyo para hacer realidad este libro.

UNBURIED

LOVE

AMOR

INSEPULTO

POETRY/POESIA

JOSE LARRAGA